廉永清◎主编

探索宝藏

未解之谜

黑龙江科学技术出版社

图书在版编目(CIP)数据

探索宝藏未解之谜 / 廉永清主编. ——哈尔滨 ：黑龙江科学
技术出版社，2011.12 (2017.5 重印)
（中学生百科探秘）
ISBN 978－7－5388－6965－1

Ⅰ．①探…　Ⅱ．①廉…　Ⅲ．①文物－考古－世界－青少年读物
Ⅳ．①K86－49

中国版本图书馆 CIP 数据核字(2017)第 102876 号

探索宝藏未解之谜
TANSUO BAOZANG WEIJIE ZHIMI

作　　者	廉永清
责任编辑	项力福
封面设计	红十月设计室
出　　版	黑龙江科学技术出版社
	地址:哈尔滨市南岗区建设街 41 号　邮编:150001
	电话:(0451)53642106　传真:(0451)53642143
	网址:www. lkcbs. cn www. lkpub. cn
发　　行	全国新华书店
印　　刷	北京龙跃印务有限公司
开　　本	710×1000　1/16
印　　张	15
字　　数	140 千字
版　　次	2012 年 3 月第 1 版
印　　次	2017 年 5 月第 2 次印刷
书　　号	ISBN 978－7－5388－6965－1
定　　价	45.00 元

人类最大的幸福之一就是对未知的探索，而人类社会的进步也完全有赖于这种探索。当科学家去研究一个定理时，他根本就不知道这个理论对未来会有什么用，就像一个伟大的科学家所说的，我们能要求一个婴儿做什么呢？但事实证明，每项发现与发明都有它实际的用处。而对于宝藏的追求，实际的好处是显而易见的，而人们对这一领域的探索更是热情无比。

自从世界著名探险家哥伦布于1492年起四次远涉重洋，神游美洲寻宝探险以来，寻宝这一富有刺激冒险意味的活动成了一种时髦。泰坦尼克号沉船的被寻获，那价值连城的珠宝金银犹如热风，更掀起了空前的寻宝热潮。在当今世界上，有很多宝藏是寻宝者久寻不获的，它们神秘地隐藏在某一地方，等待着幸运儿的寻觅、发现。

在科技飞速发展的今天，人类可以在月球上漫步，在火星上遥控机器人，人类"呼风唤雨"的神话已经变为了现实，然而，在某些方面，世界并不因科技的发展而有所改变，仍然存在着许多人们无法解释的谜团和困惑。

每一处藏宝的地点都是罕见的山水奇景与独特的民俗民情、失落的古文明与珍贵的文明遗存，悬念重重的地球之谜与千奇百怪的地球之最……世界的多种极致之美在这里汇聚、碰撞出一首自然与人文的交响诗。

好莱坞电影《加勒比海盗》中堆满宝藏的小岛令观众产生了无数的遐想，那么地球上是否真有这样失落的"金银岛"或藏宝洞存在呢？

秦始皇陵墓里究竟埋藏了什么宝贝？它内部的构造到底是怎样的呢？古老的金字塔的主人是否真的施下了可怕的咒语，不然为什么那么多人都死于非命呢？伟大的军事统帅拿破仑把他从俄国抢来的那些宝藏到底藏到哪里了？如果流于民间，为什么从来没有人见到过呢？在历史的长河中，世界有价值数千亿美元的宝藏或被埋在地下，或沉没在海底。这些宝藏原来的主人是谁？它们到底藏在什么地方？谁又将会成为这些宝藏的新主人？

　　总有一些现象让你百思不得其解，总有一些经历的事件留下太多谜团。本书采用通俗流畅的叙述语言、逻辑严密的分析推理、图文并茂的编排形式、新颖独到的版式设计，向您呈现诸多困扰人类的宝藏未解之谜。

　　本书精选了世界各国最具神秘色彩的至今仍然谜团重重的藏宝和寻宝故事，详细讲述了王公贵族、战争狂人、江洋大盗以及各路高人，如何制造了这些流传千古、魅力无穷的藏宝秘密。故事中充满了悬念和神奇，无论你去不去寻找这些宝藏，读了都会令你心动不已、惊叹不已。

编　者

2009 年 4 月于北京

目录
Contents................

亚洲宝藏

美洲宝藏

欧洲宝藏

目

录

7

非洲、大洋洲宝藏

亚洲宝藏

在亚洲这片神奇的土地上，有过灿烂的文明，文明带来的结果就是财富。所以在东方这个神奇的大洲上就有很多神奇事情。

古老中国的秦陵、项羽的财富、日本的赤城山……太多的悬念，让人们想揭开宝藏的神秘面纱。谜就像魔术，因为未知才会更加让人着迷。

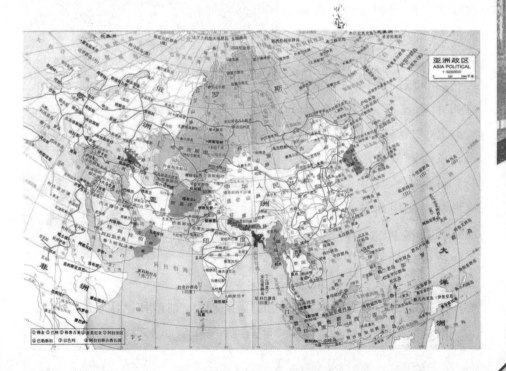

西汉时巨额黄金的下落

探索宝藏未解之谜

10

巨额黄金随着一个王朝的没落而消失了。两千年来，人们怀着对财富的渴望，一直也没有停下寻找的脚步。

中国在春秋战国时期已开发金砂。当时主要在汉水、汝河和金沙江等河流的砂矿中开采。春秋后期，黄金作为货币，开始进入流通领域。战国时，黄金流通十分普遍。到了秦汉，法律正式规定黄金作为货币。汉代，黄金用于大宗交易。黄金被铸成块、链、饼等形状，使用前称重量、定成色。西汉黄金论斤计量，一斤黄金抵铜钱一万枚。黄金除用作价值尺度外，最主

汉高祖刘邦像

要用于国家和私人贮藏财富，同时用于赏赐、馈赠和制作首饰、器皿。

秦汉时，黄金充足，皇族和达官贵人挥金如土。汉王刘邦同项羽

争夺天下，一次就交给谋士陈平黄金四万斤，用作离间楚国君臣、瓦解楚军的费用。西汉诸帝赏赐功臣和有功将士的黄金动辄就是千斤、万斤，乃至几十万斤。汉武帝因大将军卫青率兵大破匈奴有功，一次赏全军将士黄

汉时期用金银镶嵌的铜豹

金二十多万斤。王莽聘史氏为后，聘金达三万斤。王莽垮台时，他府中存金六十多万斤。黄金不断从国库中流入私囊。当时私人拥有的黄金数额惊人。文帝之子梁孝王死后，留下黄金四十万斤。一般的贵族也藏有许多黄金，可谓黄金泛滥。

但是，西汉的这些巨额黄金，到了东汉却骤然不见了，它退出了流通领域，成为难得之货，流通中用的是布帛和粟米，朝廷赏赐主要也用布帛。东、西汉两朝用金数量相差极大，后人都想弄清楚西汉巨额黄金的下落。于是，人们提出了各种猜测和解说。学者唐任伍先生经过详细研究，提出西汉黄金的两种去向。一部分是制成器物的黄金，随葬于地下，或因其他原因而遗于地下；另一部分是制成货币的黄金，窖藏于地下。这是西汉黄金的主要去向。这部分黄金遗落在富商大贾和各级官吏的藏宝地。这笔巨额黄金的窖藏者，有些大商贾遭法办而被处死，有些官吏在西汉末年的战乱中，死于乱军之中，有些携家弃户，在逃命途中被杀死。窖藏黄金也因而不知所在。

亚洲宝藏

11

项羽宝藏的奇特符号

一代"力拔山兮气盖世"的英雄，除了不回江东让人不能理解外，他更给人们留下了只有他才能读懂的符号。

相传楚汉相争时，西楚霸王项羽失败，在乌江自刎而死，还留下所谓的"霸王宝藏"。据说宝藏就埋藏在现浙江绍兴的草湾山，当时项羽在石碑上，留下两个类似英文字母"P"和一个注音"ㄇ"的符号，但这两个符号至今还无法破解。

楚汉订立和约，以鸿沟为界后，项羽履约，率兵东归。而刘邦则采纳张良、陈

楚霸王项羽像

平建议，乘势追击楚军，由此开始了刘邦对项羽的歼灭战。经过数次激烈战斗，至汉高祖四年（前203）十二月，韩信率三十万汉军和诸侯联军，将项羽的十万军队紧紧包围在垓下（今安徽灵璧东南）。到了夜间，四面汉军都唱起楚歌，以瓦解项羽的军心，十万楚军最后逃得只剩下了数千人。

项羽听见四面楚歌，以为汉军已经全部占领了楚地，于是陷入绝望。半夜在帐中饮酒，情怀悲凉，不由得对着爱姬虞姬慷慨悲歌："力拔山兮气盖世，时不利兮骓不逝！骓不逝兮可奈何，虞兮虞兮奈若何！"高歌数遍。虞姬唱和，随后自杀。于是项羽乘乌骓马率八百精骑趁夜突围南逃。

天明，韩信命令灌婴率五千骑兵追赶。项羽渡淮河，跟从者仅百余人，至阴陵（今安徽和县北）迷失道路，陷入沼泽中，为汉军追上。项羽又率兵向东逃到东城（今安徽定远东南），这时身边仅剩骑兵二十八名。最后退到乌江（今安徽和县东北），准备渡江返回江东。当时乌江亭长在江边已备好渡船，但项羽感到自己无颜见江东父老，在斩杀汉追兵数百人后举剑自刎，年仅三十一岁。不过，项羽死后，却在浙江绍兴的草湾山留给后人一个极大的谜。

在绍兴的项里村，一直流传着一个关于项羽宝藏的传说。相传，项羽曾在草湾山秘密练兵，在离开前，他因为感念村民的帮忙，想留下礼物，但大笔金钱又不知道该给谁，最后只得将这些宝物埋藏起来。

草湾山位于绍兴著名风景区豆雾尖北麓，海拔约70米，东西长400余米，山西面是一座新修的项羽庙，山上则覆盖着厚厚的灌木林。

前些年，项里村的村民在村东草湾山茂密的丛林中，发现了一块相传为秦汉之交、西楚霸王项羽刻下的神秘字符的石碑。据说，谁能破译这个字符，谁就能找到当年项羽埋下的藏有十二面金锣的宝藏。但一直以来没有人能破译神秘字符，关于宝藏和字符的传说，成了绍兴当地一大谜团，至今无人能解。

那么，十二面金锣又是怎么回事？据《史记·项羽本纪》上记载，项羽因叔父项梁犯命案，两人一同避难吴中，并曾有一段时间生活在会稽一带（即绍兴）。在绍兴当地新近出版的一套鉴湖系列丛书中，对项羽和项羽宝藏的传说更有详细记录，书中写道：项羽为避难，在项里村一带隐居，得当地

项羽宝藏的神秘字符

村民庇护。此后项羽募集八千江东子弟在附近练兵，铸十二面金锣日夜操练，金锣质地 80％ 为金，20％ 为铜，价值不菲。起兵前夜，项羽为报答村人，命士兵在附近连夜埋下十二金锣，并在草湾山上刻下指引找到那十二金锣的字符。

两千余年来，时时有人在山上发现该字符，但至今没有人能解开字符的含义。还有传说，明末清初的绍兴著名学者张岱曾在草湾山一待数月，意图解开字符之谜，但终究未能如愿。乾隆游会稽时听闻该传说，曾特意到项里村附近查访，但最后却是失望而归。那奇特的符号，究竟是经文还是蝌蚪文？到今天没有人能破解。宝藏还在不在？这已经成为千古之谜。

探索宝藏未解之谜

太平天国窖藏珠宝的下落

> 英雄末路，积聚了全民的财富最终不免一败，但那些财宝呢？

1864 年 7 月，作为太平天国首都十一年的天京（今南京）失陷。围城三年的湘军蜂拥闯进了天京各个城门，他们目的就是抢掠。上至前敌总指挥的大头头曾国荃，下至军营里雇用的民工、文职人员，都想发横财，当时传闻洪秀全和天国新贵收敛的财宝都藏在此地。

湘军三日三夜搜查全城，曾国荃和提督萧孚泗率先洗劫天王府，他们捞尽官衙甚至民宅的一切浮财，连同几万名女俘虏。一并作为战利品带回去。但是，他们远还不满足，因为长期以来，中外都传言天京城内有大量的金银财宝和各种珍稀之物，因而他们认为还有更多财宝埋藏在地下各处。

天京内也确实可能有大量的窖金埋藏。当年，太平天国为了应付残酷的军事斗争，所有公私财产都必须统一集中到"圣库"（即国库）。人们生活的必需品由圣库统一配给，百姓若有藏金一两或银五两以上的都要问斩。这

▎太平天国的铜钱

种制度使得太平天国的财富高度集中，为窖藏提供了可能。

　　然而，窖金的下落究竟如何，传闻很多，却没有证据。曾国藩向皇帝奏报说没有发现藏金。然而《能静居士日记》中却说萧孚泗"在伪天王府取出金银不资，即纵火烧屋以灭迹"。曾国藩兄弟俩当然所获很多，1866 年 5 月 19 日的《上海新报》上记载说："官保曾中堂之大夫人，于三月初间内金陵回籍，护送船只，约二百数十号。"这些搜刮物似乎包括窖金。但天京窖金如果藏了很多，那也很可能不会全数遭挖掘的，很难排除确有更多的深藏巧埋之物至今仍未能被发现的可能。

　　如此巨额的窖藏珠宝，当然会引起世人极大的兴趣，因此众说纷纭，但这些珠宝的下落究竟如何，到现在也还是一个谜。

太平天国领袖洪秀全雕像

北京猿人化石下落不明

几万年前的人想把他曾生活的时代告诉我们，但战争结束了这个故事。

1918 年春，瑞典籍地质学家安特生在北京西南郊五十公里处的周口店首次发现哺乳动物化石。此后，在周口店陆续发现数枚人牙化石。经解剖学家研究，这些化石属于古人类的一个新种属，命名为"北京人"。

十年以后，1928 年 12 月 2 日，北京大学裴文中在周口店发掘出一个完整的猿人头骨，这是一个重大的发现，是古人类学、旧石器时代考古学、古脊椎动物学和第四纪地质学研究中一件划时代的大事，它为研究人类的起源及其发展，为再现早期人类的生活面貌，提供了极其珍贵的第一手资料。

裴文中怀抱北京猿人头盖骨

1928年12月至1937年7月卢沟桥事变前，在周口店经过十一年挖掘，先后发现了代表四十多个"北京人"的人骨化石及大量石器。

北京猿人化石是一批无价之宝，当时集中珍藏在北京协和医院的保险箱里，由著名的德国籍（后加入美国籍）人类学家魏敦瑞负责保管并研究。

1941年初，日美关系趋于紧张。魏敦瑞提出，珍贵的北京猿人化石继续留在日军统治下的北平很不安全，建议将化石暂时转运至美国纽约自然历史博物馆保存，待战后再运至中国。经多次交涉，中美双方就此事达成协议。11月中旬，美国驻华大使馆自重庆来电，指令美国驻北京公使馆负责转运事宜。

11月20日，北京协和医院奉命将北京猿人化石秘密装箱。装箱的化石有：头盖骨5枚，头骨碎片15枚，下颌骨14枚，锁骨、大腿骨、上臂骨、牙齿等147枚。全部化石分装在两只大木箱内，由美国公使馆运送至美国海军陆战队总部，指令美军上校阿舒尔斯特负责押运。

北京猿人复原图

阿舒尔斯特上校命令士兵将两只木箱改装到美军专用标准化箱里，等待装船。按照原定计划，12月11日有一艘"哈里逊总统"号轮船将由上海抵达秦皇岛，然后由秦皇岛驶往美国。美国海军陆战队军医福莱受上校之命，将标准化箱连他个人的行李共24箱由北京押运至秦皇岛霍尔坎伯美军兵营，福莱将要护送这批化石安全抵达美国。

意想不到的事情发生了。12月7日，珍珠港事件爆发。秦皇岛霍尔坎伯兵营被日军占领，美国海军陆战队队员全部成为俘虏。不久，这批俘虏被押送至天津战俘营。过了十来天，美军战俘的行李由秦皇岛转运至天津，福莱医生的行李大部分还在，其中包括装有北京猿人化石的美军专用标准化箱。

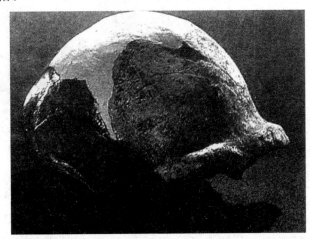

福莱医生将他的剩余行李，包括标准化箱在天津就地疏散了：一部分存放在瑞士商人在天津建造的仓库里，一部分存放在法租界巴斯德研究所，一部分存放在中国友人家里。疏散前，福莱医生没有打开过标准化箱子。

北京猿人头盖骨化石

战争结束以后，装有北京猿人化石的标准化箱子下落不明。中国的无价之宝经美国海军陆战队之手，由北京至秦皇岛，由秦皇岛至天津，最后在天津失踪。

北京猿人化石到哪里去了？一种说法是，标准化箱在秦皇岛被装上了"哈里逊总统"号轮船，但该船不幸在赴美途中沉没。北京猿人化石沉入了海底。有人说，轮船没有沉没，而是中途为日军所截获，化石落入日军之手，后来下落不明。

另一种说法是，北京猿人化石根本就未出北平城，它被埋在美国驻京公使馆的后院里。一个在美国海军陆战队总部门口担任过守卫之职的卫兵回忆说，珍珠港事件爆发前夕，他看到有两人将一箱东西偷偷地埋在院子里，他估计有可能是北京猿人化石。当年埋宝的地方，现在造有建筑物，因而无法挖掘。真假如何，尚是未知数。

还有一种说法是，标准化箱被福莱医生在天津疏散后，最终落入了日本人之手。1942年8月，有两个日本考古学家到北京协和医院寻找北京猿人化石。得知化石被转移的消息，日本华北驻屯军司令部指派专人进行跟踪搜寻，关押、拷问了许多人。两个多月后，有消息说在天津找到了北京猿人

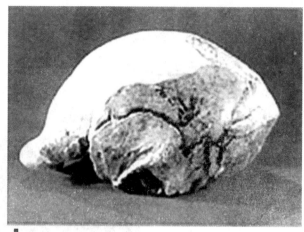

北京猿人头骨化石

化石。但后来又有消息说，在天津找到的东西与猿人化石无关。孰真孰假，不得而知，日军搜索化石的行动就此中止。有关人员被释放却是事实。从迹象看，日军不见真宝岂能善罢甘休？抗日战争胜利后，有关通讯社报道，北京猿人化石在日本东京被发现，东京帝国大学已清点后交盟军总部保管，即将由盟军总部转交中国云云。然而中国政府日后从盟军总部接收的物品清单中却没有为世人所瞩目的北京猿人化石。为此，当时中国驻日本代表团顾问李济曾多次在东京寻找化石下落，盟军总部应中国政府之请亦动员驻日盟军广泛搜寻均未果。

还有一种说法，福莱医生当年分三处存放的行李并未被日军搜去，装有化石的标准化箱仍存放于三处之中的某一个地方。天津市公安局在20世纪70年代初曾进行过调查，获知1949年瑞士商人在天津开设的伯利洋行曾伙同北京总行进行过走私活动，走私物品不详。

1972年，美国巨商詹纳斯悬赏15万美金，寻找化石下落，世界各地提供了三百多条线索，但一一被否决了。北京猿人化石的下落也许真就成了一个永恒的谜。

20

张献忠的窖藏财宝

所谓枭雄就是在一时之间做出太多不可思议的事情的人，无论是聚敛财宝还是让财宝消失。

在中国古代由于没有一个成熟的信用制度，人们习惯于用窖藏的方式贮存财富。为了窖藏的安全，窖藏者都力求不使人知，甚至对亲人都要隐瞒。如果由于某种原因，他没有机会重新挖掘这笔财富，而又来不及将窖藏地点告诉他人就突然死去，窖藏的秘密就会一直保持下去，除非有朝一日这秘密偶然地被人发现。古往今来，发现窖藏的事不知有多少，今后也依然会有人继续发现。

明末农民起义军领袖张献忠东征西战，最后在四川建立大顺政权。可是不久即被清王朝所灭。据传张献忠战败之前，将其亿万金银采取窖藏办法埋于四川，以备东山再起。但随着张献忠的战死，这个秘密也就一直没有被揭开。

清朝文人的笔记、野史中也曾提到此事。成都一带还流传着"石牛和石鼓，银子万万五"的民谣。意思是说：只要找到锦江下的石牛和石鼓，就能找到张献忠窖藏的万万两银子。

记载张献忠窖藏的书有多种。吴伟业（梅村）在《鹿樵纪闻·献忠屠蜀》中说顺治二年（1645 年），张献忠"用法移锦江，涸其流，穿数仞，实以精金及他珍宝累万万，下土石筑之，然后决堤放水，名曰'锢金'。"彭孙贻《平寇志》卷十二引查继佐的话，也说张献忠"用法移锦江而涸其流，下穿数仞，实以黄金宝玉累亿万，杀人夫，下土石填之，然后决堤放水，名曰'水藏'"。两书中，一称"锢金"，一称"水藏"，当属于传闻异词。彭遵泗《蜀碧》卷三也记有此事，作"锢金"，但没有提及窖藏的数量。

上述三书都是私家著作，而清朝官修《明史》的编撰者对这条史料也持肯定态度。《明史·张献忠传》说："又用法移锦江，涸而阙之，深数丈，埋金宝亿万计，然后决堤放流，名'水藏'，曰：'无为后人有也'。"经这样一记载，就更加被人们视为信史了。后来陈克家继他祖父陈鹤完成的《明纪》，也一字不易地抄录了这条史料。

垂涎这笔巨额财富的自然大有人在，连清朝政府也动过一番脑筋。据《清文宗实录》卷八十九中记载：道光十八年（1838年），清政府曾派某道员到锦江实地勘察，因找不到窖藏的确切地点而中止。咸丰

探索宝藏未解之谜

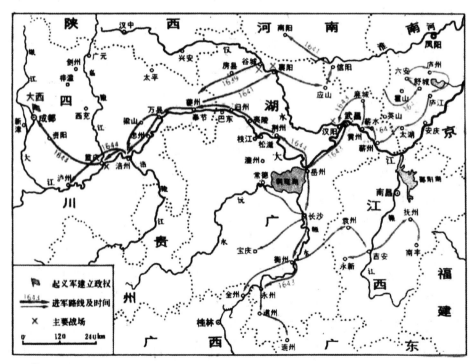

张献忠起义路线图

三年（1853 年），翰林院编修陈泰初又旧事重提，由吏部尚书等代奏，呈请寻找这笔财宝。他说亲眼看到彭山、眉山居民捞到张献忠遗弃的银子，"其色黑暗"，听说"曾经查出归官，尚存藩库，有案可核"，以此来证明张献忠窖藏之事并非子虚乌有。当时正值太平天国起义高潮，清政府财

传说中的张献忠藏宝地

政困难，咸丰皇帝于是动了心，命成都将军格瑞"按照所呈备情形，悉心访察，是否能知其处，设法捞掘，博采舆论，酌量筹办"。但费尽心机，最终还没能找到。

几百年来尽管不少人垂涎这笔巨宝，但都劳而无功。看来这笔财富又是一个新的"天朝国库"之谜了。

亚洲宝藏

乐山大佛藏宝洞之谜

20世纪80年代，一部《神秘的大佛》让乐山大佛推出了一个"藏宝洞"之谜。在历史上，乐山大佛有无藏宝洞？若有，当在何处？世人询问猜测，颇为热闹。

按 佛教造像仪规，在佛教造像身体上一般设有"藏脏洞"，尤其是在泥塑和铜铸佛像中十分普遍。多用金银铜铁锡"五金"仿造心脏等脏器置于洞内（藏脏洞因之得名），同时存放大量经书手卷佛教法器五谷杂粮等，不一而足。而乐山大佛身上，确也发现了一些洞，如身后的三个洞，但那是排水用的。因此，可能的藏脏洞只能是设在大佛胸前的那个洞。中国文物保护研究所1989年对该洞进行了

测量，结论如下："胸部正中有一宽约 90～100cm、高 3300cm、深约 2m，用青砖封闭的人工洞穴"。其容积近 7 立方米，可见当时装藏器物之多。

　　藏脏洞一般都设在佛像胸内，洞口开于背上。但乐山大佛的洞口却设在胸前，外地尚无此例。按一般造像规律，藏脏洞应是与大佛同时开造。若是宋代以后维修成的，增凿如此大的洞穴，无以为据，也说不通。如此，一个唐代开凿于大佛胸内的大洞，是该藏有丰富内容的了，说它是个"藏宝洞"当不为过。

　　值得注意的是，乐山县政府 1962 年组织维修时，曾将此洞打开。其结果，或说发现了鎏金铜壶，或说只发现一些"破旧废铁、铅皮"，或说只有一大堆腐败后的谷子。最终，实实在在的有价值的发现只是块封洞石——那是一块清代石碑。碑正面刻《重修东坡先生读书楼记》，刻写年代为清道光二十九年；背面刻《凌云山考》和《大像阁考》，刻写年代则是中华民国四年，自然是后人的增刻。

亚洲宝藏

25

石达开宝藏之谜

太平天国翼王石达开率领的太平军覆灭于大渡河前夕，曾把军中巨量金银埋藏于某隐秘处。石达开当时还有一纸宝藏示意图，图上写有"面水靠山，宝藏其间"八字隐语。

抗战期间，国民党四川省主席刘湘秘密调遣了1000多名工兵前去挖掘。在大渡河高升店后山坡下，工兵们从山壁凿进30多米，豁然见到三个大洞穴，每穴门均砌石条，以三合土封固。但是挖开两穴，里面仅有零星的金玉和残缺兵器。当开始挖掘第三大穴时，为蒋介石得知。他速派古生物学家兼人类学家马长肃博士等率领"川康边区古生物考察团"潜入干涉，并由"故宫古物保护委员会"等电告禁止挖掘。不久，刘湘即奉命率部出川抗日，掘宝之事终于被迫中止。前几年，根据重庆师范学院历史研究员赴现场考察后判断：从该三大洞穴所在地区和修筑程度可以推断，此处是为太平军被困时仓促所建。石达开藏宝之谜，只有继续深挖才能解开。

远古巴蜀之谜

汉川有个姜维城，考古学家不久前在此做的一次勘探发现，"姜维城"实际上是由一段明长城和一段西汉长城组成。而尤为令人震惊的是，考古学家在这段西汉长城下发现了一处保存得十分完好的新石器时代彩陶遗址！这一距今5000年至7000年的古文化遗址向人们打开了一扇认识古蜀历史的大门，考古学中的一系列谜团或许会因此而揭开其神秘面纱。

亚洲宝藏

汉川威州镇岷江河谷的右岸是一片连绵的高山，高山上的长城绵延起伏，显得特别的壮观。2006年夏天，四川省考古队来到这里，进行发掘研究。

试掘的结果令所有人感到不可思议。在古城墙下挖到地下七八米处，文物不断出土，最终，考古队在其底层发现了距今5000年以上的彩陶。经过分析，这个彩陶遗址与中国著名的史前文化——马家窑文化属于同一类型，而马家窑文化远在千里之外的甘青地区。这证明，早在史前时代，当时在甘肃青海地区的氐羌族的一支就不远千里来到了汉川，并在这里一直繁衍生息到现在。

羌族是华夏民族中最古老的民族之一。历史学家认为，古羌族的一支在进入成都平原后与当地原住民融合而形成了最早的蜀人。在见到汉川新石器彩陶文化遗址后，有历史学家欣喜地认为，"这有可能就是蜀文化发祥的源头！"

27

惊人发现引起了考古界的震动。著名考古学家、原中国历史博物馆馆长俞伟超先生来到了考古现场，在经过仔细了解之后，俞老发出了感慨，"一个民族能在同一个地方绵延 5000 多年，这在全世界都是绝无仅有的。"省考古队队长王鲁茂称，"遗址的发现对研究蜀文化的起源有着巨大的帮助！"他认为，该遗址完全能评上世界文化遗产。

遗址中出土的文物主要是陶器残片，其中尤以彩陶残片最令人吃惊。这些彩陶制作精美，文案精细，具有浓烈的民族特色，有些残片组合之后还隐隐透出鱼的图案，这让人备感惊讶。

考古工作者们联想到鱼图案是广汉三星堆遗址出土文物中最显著的特征之一。汶川县文管所的资料员认为，这些文化面貌与三星堆文化遗存面貌极其近似，而且又早于三星堆。换言之，这里有可能就是人们寻找了很久的，三星堆文化的源头！汶川县的考古学者猜测，当时起源于岷江上游的蚕丛氏部落由于各种原因而决定南下。他们经过千难万险冲出了岷江河谷，当这个勇敢的部落来到一马平川的平原上时被这里的沃野所陶醉，于是停留下来，建立了自己的王国——这个王国就是三星堆古国。

这一大胆的想象还没有更多的实物来证明，所以人们期待着进一步的发掘会带来突破性进展。

在遗址现场，汶川县文体局副局长张力介绍说，有段时间由于乱建房屋，很多古墓被挖开。经过文化部门的干预，破坏行为已经制止，但是经费缺乏，没有专人管理，目前文物保护工作还无法全面展开。

省考古队和汶川县有关部门都认为，研究完成后这里将是极好的旅游和考古研究基地。千古瑰宝会通过另一种方式造福后人。

传国玉玺之谜

在中国历史上，堪称国之重宝的器物不在少数，但恐怕没有一件比得上传国玉玺，它是野心家梦寐以求追逐的目标，又是史学家浓墨重彩描绘的对象。香港《文汇报》刊文称，笼罩在它身边的，是重重的刀光剑影，低沉的鼓角铮鸣，它的出现和消失，甚至成为王朝更替、江山易帜的象征。

传国玉玺来历非凡。秦始皇建立起中国历史上第一个封建王朝之后，终于在血雨腥风中得到了朝思暮想的晶莹美玉和氏璧。也许是因为数次寻找九鼎而不得，也许是为了显示自己前无古人的至尊伟大，秦始皇用和氏璧制作了"传国玉玺"。玉玺纽上螭龙盘踞，玺文由丞相李斯用大篆题写"受命于天，既寿永昌"八个大字。价值连城的玉质，巧夺天工的雕刻，加上盖世无双的书法，使这颗玉玺成了精美绝伦的艺术品，传国玉玺从此成为承天受命的象征。

其实，用来制作传国玉玺的和氏璧，本身就充满了传奇色彩。春秋时，楚人卞和在山中看见有凤凰栖落在青石板上，依据"凤凰不落无宝之地"的传说，他终于在山中发现一块玉璞。卞和先后将它献给楚厉王和武王，都被认为是石头，结果以欺君罪丢掉了左右脚。及文王即位，卞和抱玉哭于荆山之下，以致满眼溢血。文王令玉匠将玉进行打磨，发现里面异光闪烁，璀璨夺目，果然是稀世珍宝。最后由良工雕琢成璧，取名"和氏璧"。

为了争夺和氏璧和由它制造的玉玺，野心家露出了他们狰狞的面目，统治者发起过血腥的战争。和氏璧曾莫名其妙地流入赵国，落入赵惠文王手中，引起秦昭王的垂涎，表示愿用十五座城池进行交换。但当蔺相如将璧送到秦宫时，秦昭王却食言。多亏蔺相如凭着大智大

和氏璧的仿造品

探索宝藏未解之谜

勇，先是"完璧归赵"挫败秦王的阴谋，接着又在渑池会上戳穿秦国的第二个圈套，保住了和氏璧。这便是成语"价值连城"和"完璧归赵"的出典。

西汉末年王莽篡位自立前，派堂弟逼皇太后交出传国玉玺，太后迫于无奈，气得将它掷于地上，当王莽拿到传国玉玺时发现它被砸掉一角，连忙命玉匠用黄金镶饰。汉献帝时，董卓作乱，孙坚率军攻入洛阳，兵士见宫中一井在早晨时有五彩云气，遂使人入井，得传国玺。孙坚将玺秘藏于妻吴氏处。后袁术拘孙坚妻，夺得玉玺。袁术死后，荆州刺史徐？携玺至许昌，时曹操挟汉献帝在此，至此，传国玺又归汉室。

传国玉玺的几次失踪，还带有几分诡秘色彩。据传，公元前219年，也就是传国玉玺制成后的第九年，秦始皇乘龙舟过洞庭湖，风浪

骤起，龙舟将倾，秦始皇慌忙将传国玉玺抛入湖中，祈求神灵镇浪。玉玺由此失落。而八年后，华阴平舒道有人又将此传国玺奉上。东汉末年，宦官专权。袁绍入宫诛杀宦官，段珪携帝出逃，玉玺又一次失踪。所幸孙坚从洛阳城南甄官井中捞起宫女尸体时，传国玉玺才重见天日。

唐初，太宗李世民因没有传国玉玺，遂刻了几方"受命宝""定命宝"之类的玉玺聊以自慰。贞观四年，萧后与元德太子返归中原，传国玉玺方归于李唐，令太宗龙颜大悦。唐末天下大乱，后唐末帝李从珂被后晋大兵围困，李从珂遂与后妃于天星楼自焚而死。据说，李从珂当时便随身携带着"传国玉玺"。可是大火过后，人们从灰烬中却不见此玺的踪影，甚至连一块外形稍像此玺的石头也没找到一块。随后，宋、元、明、清历朝都有发现所谓传国玉玺的记载，但那不过是好事者的狗尾续貂。传国玉玺就像一个善于制造悬念的大师，留给后人的只是一个千古之谜。

国宝"冠顶珠"下落之谜

"冠顶珠"是从清代的乾隆年间流传下来的国宝。关于"冠顶珠",在清代的乾隆年间还有一个神话般的传说。

传说在乾隆年间的某一天,乾隆皇帝到海淀离宫外遛弯时,在附近的团河边发现河内放出一道白光,觉得有些奇怪,当时也没有太在意。但连着第二天、第三天当他每次走到那里时,还是看见白光依然闪烁如故,于是便派人下河去探个究竟。仆人到了河底摸着一个大河蚌,剖开蚌后,发现蚌内有一个特大的珍珠。这珍珠约有二寸长,表面细腻、色泽丰润、形状为橄榄形,真是千古少有的稀罕物。更加令人不解的是,这颗珍珠竟会自己行走,一不留神,就会不见了。乾隆皇帝见状,忙命匠人在珍珠上打了个眼,用金丝线系上,镶在皇冠上了。

这颗神奇活现的宝珠,从乾隆朝传下来后,有关的传奇的神话就越来越多了。据传,某位皇帝有难时,它就神奇般地不见了踪影,等到灾难过去了,它又奇迹般地回来了。到了溥仪继承皇位时,将"冠顶珠"朝夕相伴一刻也不离身。1911年,辛亥革命推翻了清王朝,民国政府给予清室优待,让溥仪皇室暂居宫禁,延后迁出。但一年仅400万元的经费远不够皇室庞大的开销。于是靠借钱、用珍宝等物品抵押以维持生计,但最后因无力偿还,就开始拍卖宫中的金银珠宝。

溥仪及皇室，为此便想尽方法变卖宫内的珠宝。溥仪被迫迁出皇宫后，先进入日本使馆后移居天津，又到东北建立了伪政权，直到垮台。他携走的文物，在天津变卖了一些，大多数珍宝在长春和吉林散失，还有不少在通化的大栗子沟丢失，这些失散的珍宝，被当时的古董界称之为"东北货"，这颗"冠顶珠"也是在出逃时丢失的。

溥仪在携带的珍宝中，最珍爱的就是这颗"冠顶珠"。其他的珠宝都可变卖，唯有这颗宝珠一直伴随在身边。1945 年 8 月日本战败后，溥仪逃跑。据曾在溥仪身边的人回忆说，当时把"冠顶珠"包好打点装箱后，送上了日本军车，到长春车站转乘火车，一切均由日本兵办理。到达通化大栗子沟，溥仪等人在当地安顿住下后，当清理到托运的箱子时，发现装有"冠顶珠"的箱子和其他的一些箱子都不见了，几经找寻也不见踪迹。当时溥仪的卫队长对于由日本兵运输这批物品曾提出过疑虑，因此怀疑是这次运输出的问题。"冠顶珠"珍宝的丢失，是日本侵略中国带来的损失，也是溥仪将珍宝盗出的后果。只要此珠仍存在于人世，相信终归会有重见天日的一天。

亚洲宝藏

赤城山黄金知多少？

> 黄金是人们心中永远的梦，而为这个梦就会有很多传说，所以就流传有很多藏宝山。

当今日本藏金规模之最当数赤城山，据说它的黄金埋藏量高达 400 万两，相当于现在的 100 兆日元（兆在古代指 1 万亿），赤城山珍藏黄金，是 1860 年的事。当时正值日本德川幕府统治末期，世界的金银兑换率为 1：15，而日本仅为 1：3，国内存在黄金大量外流的现象。为了阻止这种消极现象，也为了贮备财产以利于军备，"大老"（非常设的幕府最高执政官）井伊便以贮存军费为名，高度秘密地制定了埋藏黄金计划。赤城山被选为藏金之地，因为赤城山是德川幕府为数不多的直辖领地之一，它属德川家族世代聚居地，易于保守机密，而且地处利根川与片品川两河之间，有连绵起伏的高山作屏障，是易守难攻的军事安全地带。它也是德川幕府不得已全线溃退后的最后防御之地。当时强藩的中下级武士出身的改革派立意打倒幕府实行革新。正当井伊秘密藏金之时，1860 年 3 月 3 日，他被倒幕派武士刺死在江户（今东京）的樱田门外。他死后，属下林大学头和小栗上野介继续执行埋金计划。

19 世纪 60 年代末，德川幕府终于被倒幕派推翻，江户时代结束。1868 年 7 月新政府改江户为东京，明治政府上台，赤城山藏金也就成了一个世纪之谜了。

这批作为军费而埋藏的黄金总数到底有多少？据知情者披露，当时从江户运出了360万两黄金；小栗上野介的仆人中岛藏人，在遗言中又说从甲府的御金藏中还运出几万两黄金，加之其他金制品，估计埋藏总数达400万两。

一个多世纪以来，有不少想一夜之间成为富翁的人纷纷来到赤城山探宝。1905年，岛追

德川幕府将军

老夫妇曾在此寻找到几个装有黄金的木槽；后来在修路过程中也曾有人寻到过日本古时纯金薄片椭圆形的金币57枚。对发掘赤城山藏金最热衷的，莫过于水野一家祖宗三代了。第一代水野智义是中岛藏人的义子，中岛藏人临终前曾告诉他，赤城山藏有德川幕府的黄金，藏宝点与古水井有关。于是，水野智义便萌发了寻找赤城黄金的信念。他变卖家产筹款16万日元，开始调查藏宝内幕，得知1866年1月14日，有三十名武士雇了七八十人在津久田原突然出现，运来极其沉重的油槽22个，重物30捆，在此处逗留近一年。他们秘密地分工行动，不少当事人是幕府的死囚，完工后即被杀以灭口。后来，水野智义在

1890年5月从一口水井北面30米的地下挖出了德川家康的纯金像，据推测这座金像是作为400万两黄金的守护神下葬的。不久，又在一座寺庙地基下挖出了水野智义认为是埋宝地指示图的三枚铜板，但它们所含之谜却无人能读懂。

昭和八年四月，水野智义又发现一只巨型人造龟，这就是第一代水野为之奋斗一生的收获。第二代水野爱三郎子承父业，在人造龟龟头下发现一空洞，洞内有五色岩层，不知是自然形成还是人为造成。第三代水野智子进一步在全国了解有关赤城山黄金的传说，他与人合作利用所谓特异功能来寻宝，但收获甚微。水野家三代在赤城山的发掘坑道总计长22公里，却仍没有寻到藏金点。向水野三代这种半盲目的脑力与体力劳动提出挑战的是高技术的运用。有人用最新金属探测机在水野家挖的坑道内发现有金属反应，经分析此处地层内又极难存在天然金属，因此有可能是德川的藏金所在，但由于地质松软，要挖掘需要有强力支撑物，只能暂时作罢。

日本的赤城山

"希望"蓝钻石的主人屡遭不测

可以拥有这样一颗钻石的人怎么可能是普通人，而发生在他们身上的事情当然也就不普通了。

"希望"蓝钻石是世界上屈指可数的钻石王之一。1947年，"希望"蓝钻石的标价为1500万美元，这是它的最后一次标价。自从1947年后，"希望"蓝钻石再也没有被拍卖过。

1958年，"希望"蓝钻石被占有它的最后一个主人——美国珠宝商海里·温斯顿捐赠给了华盛顿史密斯研究院。在该院的珠宝大厅里，"希望"蓝钻石陈列在一个防弹玻璃柜里，与各国帝王加冕礼上用过的珠宝相媲美。那幽幽的蓝光仿佛在向来自世界各地的游客诉说着它那神秘的历史。

"希望"蓝钻石问世于五百年前。在印度基伯那河畔的一座废弃的矿井里，一个路过的老人偶尔瞥见一块熠熠闪光的石头。经辨别，竟是一枚硕大的蓝钻石。老人请工匠将钻石进行粗加工，加工后的蓝钻石重达112.5克。

老人去世后，他的三个儿子为这枚钻石大打出手，结果钻石被族长充公，下令镶嵌在一座神像的前额上。

一天深夜，一个抵不住钻石蓝光诱惑的年轻人偷走了这颗钻石。但仅仅几个小时，他就被守护神像的婆罗门捕获，结果活活被打死，成为蓝钻石的第一个牺牲者。蓝钻石重新被镶嵌在神像的前额上。

17世纪初，一个法国传教士用斧头劈死两个婆罗门，用沾满鲜血的双手将蓝钻石攫为己有。传教士将蓝钻石带回了自己的故乡，可是在一个雷雨交加的晚上，他被人割断了喉管，蓝钻石也不知去向。

四十年后，蓝钻石落入巴黎珠宝商琼·泰弗尼尔手中，他随即脱手，将钻石卖给了法国国王路易十四。数年后，琼·泰弗尼尔到俄国做生意时，竟被一条野狗活活咬死。

路易十四对这枚蓝钻石爱不释手，经过琢磨，将蓝钻石镶嵌在象征着王权的王杖上，取名为"法国蓝宝"。可是不久后的一天，他最宠爱的一个孙子不明不白地死去了。路易十四受此打击后，不久也撒手归天。

路易十四死后，"法国蓝宝"落入蓓丽公主之手。她将钻石从王杖上取下，作为装饰挂在她的项链上。1792年9月3日，在一次偶发的事件中，蓓丽公主被一群平民百姓殴打致死。

接着，"法国蓝宝"由蓓丽公主的宠物变为路易十六的珍玩。可是一场法国大革命的风暴把国王路易十六和王后玛丽·安东尼送上了断头台。"法国蓝宝"在这场大革命中被皇家侍卫雅各斯·凯洛蒂乘乱窃取。

法国临时政府在清点国库时，发现"法国蓝宝"失踪，于是贴出告示：凡私藏皇家珍宝者处以死刑。侍卫雅各斯·凯洛蒂闻讯后终日不安，精神发生错乱，最后自杀而死。

再现1793年处死路易十六的油画

  "法国蓝宝"四十年后为俄国太子伊凡觅得。伊凡在寻花问柳时，为了讨得一个妓女的欢心，竟将"法国蓝宝"拱手相赠。一年后，伊凡另结新欢，对赠宝之事后悔不已，决定追索回来。可是，那个妓女死活不依，伊凡一剑刺死妓女，夺宝而归。然而时过未久，伊凡皇太子在宫中死于非命。

  神秘的"法国蓝宝"给占有它的主人带来的厄运比巫师的诅咒还要灵验，人们视之为不祥之物。尽管如此，世界上还是有许多贪婪的目光盯着它，希冀有朝一日成为它的主人。

  "法国蓝宝"从伊凡皇太子手里转移到女皇加德琳一世手里。女皇意欲将钻石镶在皇冠上，于是命人将"蓝宝"送至荷兰，交由堪称世界一流手艺的钻石匠威尔赫姆·佛尔斯进行精心加工。经过威尔赫姆·佛尔斯的精心雕琢，"法国蓝宝"被切割成现在见到的样子，它的每个面都闪着诱人的蓝光，加工后的钻石重44.4克拉。钻石加工好以

▌带来厄运的"希望"蓝钻石

亚洲宝藏

39

后，钻石匠的儿子不辞而别，将钻石带到英国伦敦去了，无法交差的钻石匠服毒自杀以谢女皇。而他的儿子后来在英国也自杀身亡，死因不明。

英国珠宝收藏家亨利·菲利浦在一个不愿透露姓名的人手里以9万美元购得了这颗钻石，命名为"希望"。1839年，亨利·菲利浦暴死。他的侄子成为"希望"蓝钻石的新主人。这位钻石的主人将钻石置于展厅公展，后来据说他寿终正寝。

上个世纪初，一个叫杰奎斯·赛罗的商人购得了"希望"钻石，但不久莫名其妙地自杀了。钻石又流落到一个俄国人康尼托夫斯基手中，此人不久遇刺而死。后来哈比布·贝购下了钻石，接着转卖给西蒙。传来消息说，哈比布·贝及其家人在直布罗陀附近的海中不幸淹死。西蒙则在一次车祸中全家丧生。

钻石辗转到了土耳其苏丹阿卜杜拉·哈密特二世手中，一个王妃为此丧生，苏丹本人于1909年被土耳其青年党人废黜。

"希望"蓝钻石的下一个主人是华盛顿的百万富翁沃尔斯·麦克林夫妇。自从拥有这颗钻石以后，灾难就像影子一样追随着他们，他们的儿子和女儿先后遭遇了不幸。

1947年，海里·温斯顿以1500万美元购进"希望"蓝钻石，成为钻石的最后一个主人。

"希望"蓝钻石自问世以来，历经沧桑，周游列国，其间，更易的主人有数十人之多。可是"希望"蓝钻石并没有给占有它的主人带来希望，相反，除少数几个人外，其余的主人屡遭厄运，甚至命丧黄泉。这是为什么呢？是巧合还是冥冥之中存在着一种人们尚未所知的神奇的力量呢？也许有一天，"希望"蓝钻石能满足人们探究这个秘密的愿望。

班清宝藏之谜

> 人们总是想有个来世，于是就把财宝带进墓地……一个不知名的小镇，有可能揭开人类古文明的新一页。

1962年，泰王国艺术部的一位职员在班清小镇一条长满杂草的小路上行走时，踢出一个画有图案的陶器碎片。出于职业的习惯，他将碎片带回曼谷。他的同事们从陶器的颜色推断这是史前产物，但因班清太小了，没有引起注意。

1966年，美国驻泰国大使的儿子斯蒂芬·扬来到班清，在路过一个筑路工地时，在堆积石料的地方，看到许多被推土机挖出的破损陶器。他被上面的图案所吸引，就捡了一个大而美丽的陶罐带给泰国的蝉荷公主玩赏。这个陶罐虽然已经破损，但在浅黄色的底色上，有着艺术家随心所欲、一挥而就的深红色图案。这种色彩搭配不但抢眼还相当赏心悦目，再加上美丽的图案，及经过精心构思的精确的几何图案，使陶器具有强烈的艺术感染力。另外，蝉荷公主注意到这种图案不同于泰国已发现的任何一种，倒是有几分像古希腊的陶器图案。"这件陶器真是太有意思了！"蝉荷公主说，"我从未见过这样的东西。"这位酷爱艺术的公主出于对文物的敏感，亲自去了一趟班清。她挨家挨户搜集文物，最后，不仅带回了大量的陶器，还有不少的青铜制品。

公主不知道班清有过什么，但深知这些文物非比寻常。这些陶器的形状各异，最令人惊叹的是一些颈部只有一根筷子那么粗的高花瓶，即使是用现代技术也很难做成那样，古人是怎样做到的？还有一些粗矮的大缸，上面又有着精致得不可思议的图案，显得很不协调。这是为什么？

蝉荷公主知道在佛教盛行的泰国大规模开挖墓葬很难得到王室批准，她决定借助国外的力量。她将陶器全部拍成照片并编印成册向国外发行。图片发表之后轰动了整个世界，因为，在亚洲的其他地方从未见过这样的陶器出土。泰国怎么会有这么古老的陶器？至少有十几个国家的考古学家云集班清，希望能找出这些陶器的渊源。

1968年，美国著名的艺术史学家伊丽莎白·莱昂斯把一些陶器碎片送到费城大学的考古研究中心。经测定，班清的陶器是公元前4000年左右制造的，几乎和两河文明的年代一样久。这是令人难以相信的，一般认为，泰国的可考历史至多有一千五百年。以后又多次测试班清陶片，结果都是一样。难道班清曾是世界古文明的摇篮之一？东南亚是一个向外流淌文化的源泉？

1974年，在联合国的资助下，开始对班清小镇的古墓葬进行挖掘。开挖的第一天，人们的期望值并不很高，很难想象这个人口不足五千人，世代以种稻为生的小镇会有很悠久的历史。然而，当挖到五米深时，一种考古者熟知和梦寐以求的土层出现了：这是六层界线分明的墓葬，最深的一层是公元前4000年的，最浅的一层也可追溯到公元前250年。这可大大地超过了泰国的可考历史。

挖掘工作一发不

班清宝藏

在班清发现的早期黑色陶器碎片

可收拾，到 1986 年，班清挖出了各种文物 18 吨，其中有大量的青铜器和金银装饰品。

有人说，班清的宝藏是永无穷尽的，因为这里有成千上万个古墓葬，超过埃及的国王谷。这个不知名的文明的地域范围远远超过玛雅文明，不亚于印度河文明。

最先的研究显示，这里的文明起源于种稻，但很快有了作坊工业。早在公元前 3000 多年，班清人已经掌握了冶铁技术，比中国和中东要早得多。那时，世界各地的文明先发者开始了农耕，有了制作石器的技术。班清人却已经开始用难以想象的几何图案制作手镯、项链、兵器、工具和陶器了。

什么人是他们的祖师？班清宝藏的无穷魅力还在于它一直不为人所知，这是为什么？考古学家开始寻找那些较大的墓葬，期望能找到帝王、学者、能工巧匠的名字。他们想了解班清的文明是自发的，还是受到别人的影响。

班清工艺品上的图案和古希腊的很相似，但古希腊文明比班清要晚一些。两个文明有没有交流、影响？如果有的话，是通过什么样的

亚洲宝藏

43

途径影响的？还有，中东早期的铜器是红铜与砷的混合物，但到公元前3000年前，锡突然取代了砷。中东的锡是不是来自班清？因为班清的青铜就是红铜和锡的混合物。这是因为班清所处的呵叻高原的山脉中，至今仍以铜、锡储量丰富而闻名于世。

这是一个辉煌的文明，这是一个不可一世的文明，但为什么史书上没有一点记载呢？班清在古代的作用是什么？冶炼基地？驿站？贸易中转站？都市？还是……

这样的讨论看来还要进行好多年。与此同时，来自班清的诱人宝藏将会慢慢地越积越多。它们不会说话，但却有说服力。它们也许会证明，这里存在过一个举世无双的人类文明。

泰国风光

"阿波丸"号黄金不翼而飞

一艘被打捞上来的沉船，留给了人们更大的问号，谜底何时揭晓呢？

1944年底，"二战"已近尾声，日本帝国主义濒临失败的边缘，尤其是其海上运输线已被完全切断。美国政府怕日本政府穷凶极恶，迫害战俘，遂通过中国和瑞士从中斡旋，允许日政府可以动用少量运输船。"阿波丸"号就是其中的一条。

"阿波丸"号通体乳白色，被称为"幸运之神"。1945 年 2 月 17 日，"阿波丸"号装载八百多吨物资，驶向东南亚，并从东南亚带回两千多名乘客。同时，它还秘密地装运了 300 吨橡胶、3000 吨锡锭、2000 吨钨、800 吨钛、40 吨黄金、12 吨白银、50 箱工业钻石、50 箱珍珠玛瑙和部分货币，总价值达 50 亿美元之巨。

1945 年 4 月 1 日傍晚，"阿波丸"号驶入台湾海峡。晚 22 点，在那里巡逻

沉没海底前的"阿波丸"号

探索宝藏未解之谜

的美国"皇后鱼"号未经请示，也未示警告，突然向"阿波丸"号发射了三枚鱼雷。随着三声巨响，"阿波丸"号断为两截，慢慢地沉入海底。整条船只有一人生还。

"阿波丸"上打捞出来的头盖骨

"阿波丸"号在海底沉睡了三十二年。1977年，中国政府向世界公布，准备打捞"阿波丸"沉船。此项工程称为"7713工程"。1977年3月，中国打捞公司的调查船和海军合作，奔赴沉船地带。经过一个多月的勘察、测量，终于在5月1日发现了目标。

如果说发现目标是个困难的过程，那么，打捞则是个艰险的历程。一直到1980年7月6日，整个"阿波丸"号才得以重现天日。

但疑惑也随之而来。对照当年的存货记录，货物全部找到，但独独没有那40吨黄金。从"阿波丸"装上货到被击沉，中间并未停过船，那么40吨黄金怎么会不翼而飞了呢？这不仅令我国政府困惑，也为世界所不解。究竟谁拿走了这40吨黄金，则仍然像沉在海底的谜。

韩国釜山海军基地
海底宝藏之谜

> 不确定的宝藏比那些可见的财富更诱人，除了财富，还伴有人们的冒险精神。

有消息披露，日本在第二次世界大战期间，曾在侵略战争中从中国、朝鲜等处掠夺了大量的金、银、珠宝等作为军费，并在韩国的釜山市"赤崎湾"的海底建立了一个秘密的潜水艇基地，把它所掠来的财宝都藏在了这个基地中。据说，这批财宝按币值计算，要值好几兆现在的韩元。这件事曾在韩国引起了广泛的兴趣。

消息一传开，1982 年 1 月，韩国的各主要大报刊用"釜山有日本秘密潜水基地"、"去寻找通往一攫千金仓库的通道"等大标题，对此大肆渲染，更是在民间掀起了一股寻宝热潮。

据说，日本第 122 特攻部队司令曾遗留下来四张秘密基地的地图，在这些地图中提到，这里匿藏着几十吨金块、150 吨白

韩国釜山海军基地

亚洲宝藏

47

韩国釜山港全景

银，还有 1600 颗钻石。

　　因为通往基地的入口处在韩国部队的兵营内，百姓是无法进入的。1982 年 7 月，韩国军方在强大的社会舆论压力下，决定向民间发放发掘埋藏物许可证。当时公众对发掘这批金银财宝持乐观态度，可是发掘了一年却一无所获。韩国陆军本部曾与发掘业者围绕着发掘许可证问题展开了激烈的争论。经营中小企业的郑舢泳声称，他在第一次发掘许可证有效期过后一个星期，在军营某地下 10 米深处曾发现了秘密基地的入口处，但军方不允许他再挖了。他只好于 1990 年 3 月 10 日又向"青瓦台"军部提出申办发掘许可证的申请，但无人答复。看来这些财宝即便是有，也不知要等待何时重见天日、落入何人之手了。又何况财宝的下落尚没有确定呢。

"马来之虎" 藏宝是子虚乌有吗

> 一处可以用来指证犯罪的宝藏，但人们想要见到它还要等待。也许这就是一个子虚乌有的传说。

第二次世界大战时期，日本东南亚战区司令、绰号"马来之虎"的山下奉文大将，率日军攻克了泰国、新加坡、马来西亚及菲律宾。在占领东南亚期间，为了向天皇进贡，讨得天皇的青睐，他拼命搜刮东南亚人民的珍宝，积敛了巨额财宝。

1944年秋，太平洋战争的形势急转直下，日军海空主力遭到盟军的毁灭性打击。当麦克阿瑟将军率美军反攻菲律宾时，日军已面临灭顶之灾。在无路可走的情况下，山下奉文让菲律宾人将其搜刮来的黄金、宝石等埋藏起

指挥新加坡作战的日本第25军司令官山下奉文大将

来，然后又枪杀了这批埋宝人，不留活口。藏宝图分为若干份交给亲

信秘密带回日本。随后，山下奉文十几万大军惨败，基本上全军覆没，他本人也难逃法网，被盟军审判后绞死。随着他命归黄泉，"马来之虎"藏宝便成为一大谜案。

过去数十年来，菲律宾流传着前总统马科斯探得"马来之虎"所藏之宝的消息。马科斯对此说时而否认，时而又承认，令人疑真疑假，难以分辨真伪，这更增加了其神秘色彩。

▌菲律宾前总统马科斯

费迪南德·埃·马科斯在 1941 年 12 月太平洋战争初期任美军少尉，是美国远东军 21 师情报官，驻守菲律宾。由于马科斯在战争中有接触日本军官的不寻常经历，使得他有条件和有可能在战后设法寻觅山下奉文的藏宝。1965 年 11 月，他当选菲律宾第六任总统后，立刻组织人暗中对藏宝点进行挖掘。究竟挖没挖到这笔宝藏，只有天知地知和马科斯自己才知道，但有一件事举世皆知。

1970 年，菲律宾寻宝协会主席洛塞斯独自进行寻宝活动。经过八个月的挖掘，他在一座山中先发现了无数尸骨，估计是被杀害灭口的菲律宾埋宝人，随后又发现了一座金佛，有 28 英寸高，2000 磅重。金佛头部可以旋转开，原来肚中是空心的，里面藏有无数钻石珠宝。洛塞斯将金佛运回家，并没有守口如瓶，而是拿出来让亲友们观赏。他初步肯定这便是"马来之虎"宝藏的一部分，山中可能还藏匿有其他珍宝。

这个发现后来被马尼拉各报纷纷披露，记者们捕风捉影，估计金佛的纯金价值高达 2600 万美元，腹中所藏钻石珠宝的价值则无法估计。马科斯获悉这个消息后，便让他的法官叔叔出面，下令没收金佛及珠宝，并控告洛塞斯非法藏匿国宝。这样，金佛就轻易地落入马科斯手中。洛塞斯愤愤不平地找参议院起诉。

1971 年 8 月，参议院召开了金佛听证会，由洛塞斯陈述，电视台则向全国直播。但开会时会场突然被人投进手榴弹，造成 9 人死亡、96 人重伤的大惨案，被炸死者中包括议员。于是，听证会寿终正寝。1972 年 9 月，为了长期待在总统宝座上，马科斯强行解散国会并对全国实行军管，洛塞斯首当其冲被司法机关拘捕。关押两年后，他不得不屈服，自愿声明不再追究金佛的下落，这才获得释放，出狱后便移居美国。

1986 年 2 月，菲律宾民选总统科·阿基诺夫人顺从民意，准备审查独裁者罪行时，马科斯举家逃往美国夏威夷。经过海关时，他们携带的大量金银财宝被海关官员扣留。这些财宝包括数百万美钞、若干金条和无数钻石珠宝。在马科斯仓皇出逃时，总统府留下若干关于出售黄金的录音带，时间是 1983 年 5 月 27 日，内容详述出售黄金的规格及数量，黄金总数约两千吨，分置伦敦、瑞士、香港地区、美国及新加坡，可随时出售。如果录音带上的录音属实，则可以断定，马科斯早就寻到并挖出了"马来之虎"所藏的大部分珍宝，并且掩人耳目地运出了菲律宾。

1985 年，马科斯预感末日的来临，便让他的儿子小费迪南德带亲信陈某前往澳大利亚和英国出售黄金。据传黄金总数价值 310 亿澳元，买方可由银行担保分期付款。陈某无人认识，小费迪南德则在幕后操纵指挥。经过多方面调查，人们才知道这批巨额

菲律宾前总统马科斯一家

51

黄金的主人是马科斯夫妇。马科斯亡命夏威夷后，仍企图东山再起，他多次支持菲律宾叛军头子霍纳桑发动马尼拉政变。1986年5月，他曾接触了两名美国军火商人，他声称自己有1000吨黄金藏在菲律宾还未挖出，另有10亿美金存在瑞士银行，足以支付军火款项，要求他们提供一支上万人的装备军队，包括毒刺导弹及坦克。他承认他在菲律宾留下的黄金属于山下奉文所藏珍宝的一部分，藏金地点只有他和儿子小费迪南德知道。美国商人不敢接受这宗政治交易，反而将他们的秘密谈话录音带交给美国中央情报局，后者又将录音带副本送给阿基诺政府。

后来，马科斯在临死之前曾在友人面前立下口头遗嘱，将私藏的价值40多亿美元的黄金"捐献"给菲律宾人民，可惜他还没有说明藏金地点，人便开始昏迷，直到命归西天。1988年，阿基诺政府与美国商人试图合作在圣地亚哥要塞发掘黄金珠宝。

圣地亚哥要塞坐落在菲律宾首都马尼拉西北。它是19世纪时由西

▌菲律宾圣地亚哥要塞

菲律宾首府马尼拉

班牙人修建的，是菲律宾著名的古迹之一。圣地亚哥要塞战时是日本宪兵宿舍，因此，它被视为最有可能埋藏着"山下奉文将军财宝"的地方。1988年2月，一项挖掘工程在这里开始了。工程指挥查尔斯，是总部设在美国内华达州拉斯维加斯的"国际贵金属公司"的成员。此人在越南战争期间曾是美国陆军"绿色贝雷帽"特种部队大尉。挖掘工人是在当地招募的40名菲律宾人。菲律宾政府还派遣总统府警卫部队警戒现场。挖掘是在极端秘密的状态中进行的。

2月22日，挖好的巷道突然塌顶，两名工人当场毙命。查尔斯不得不在事故发生后举行记者招待会，这才使挖掘工程的真相公之于世。原来，他们是在寻找传闻已久的所谓"山下奉文将军财宝"。

据查尔斯在记者招待会上说，他们这次行动得到了当局的同意，并商定好，挖出的财宝按3∶1分成。菲方得大头，小头归"国际贵金属公司"。这个说法也得到了菲律宾政府发言人的证实。他说，菲律宾政府根据有关法律和规定，允许这种挖掘活动。菲律宾政府也批准了包括"国际贵金属公司"在内的87件要求挖宝的申请。政府的这一做法在议会引起了一场轩然大波。议会上院通过要求"国际贵金属公司"立即停止寻宝的决议。但这个决议没有约束力。在菲律宾也有人认为目前国家经济状况恶化，外债高达 290 亿美元，且无力偿还。如果借助外国力量真能找到"山下奉文将军财宝"，对振兴菲律宾经济也未尝不是一件好事。持这种观点的人自然对政府此举的苦衷表示谅解。

但是，现在问题不在于同意不同意外国人来挖宝，而在于这个"宝"究竟存在与否或有多少。战后四十多年来，有关这笔财宝的传说扑朔迷离。关于财宝的数量，有人说价值 1000 亿美元，有人说还要翻一番。一位美籍日本人 20 世纪 50 年代曾为此事调查过三百多名相关的日本人，到菲律宾进行过现场调查。他认为，即使有财宝，其价值充其量也只有 1 亿多美元。还有人干脆宣布"山下奉文将军财宝"纯属子虚乌有。

菲律宾风光

所罗门财宝下落之谜

犹太人是世界上最会赚钱的人，而所罗门是他们的国王，不仅拥有他们的财富，还控制他们的精神。

所罗门是以色列最伟大的国王。在位约 40 年。所罗门统治期间，统一了以色列 12 个支派，国内和平，国力强盛，工农业发展迅速，商业兴旺发达。所罗门执政期间大兴土木，修建城市。在耶路撒冷的锡安山上修造了豪华的耶和华圣殿和所罗门王宫。所罗门运用各种手段，得到了大量金银财宝。

锡安山上的圣殿院落宽大，外观巍峨，装饰富丽。举世闻名的金约柜就存放在这座圣殿之中。在这金约柜之中，除了珍藏着"摩西十戒"和"西奈法典"之外，据说还存放着所罗门的大量黄金财宝。在这座圣殿之内，修有地下室和秘密隧道。据传，这里也存放着所罗门的大量金银珠宝。

但是，在所罗门的金约柜中究竟存放着多少财宝，一直是个谜。20 世纪 60 年代，有人根据在埃及发现的一幅古代卡尔纳克浮雕作品中反映出的 204 件珍宝估算，所罗门的这批财宝价值上亿美元。

美国学者伊曼纽尔·维利可夫斯基在 20 世纪 50 年代初出版的《混沌的时代：世界古代史重编》一书中，对所罗门金约柜中的金银艺术品作过描述，根据这一描述，计有：四周用黄金雕成的王冠一顶；

55

用金、银和彩色宝石制成的百合花各一个，不同器皿的四周有一圈百合花；花瓶、圣杯花纹上的花朵种子，都是金制的豆粒状装饰；金制狮子头、饮酒器皿上的金制牛头；一个用于燃烧供品的金制大圣坛，价值连城，天下无双；有 30 个黄金制成的锥形物（代表供品面包）、24 个宝石（孔雀石）制成的锥形物，还有白银制的"面包"；用黄金、白银和宝石制成的带灯的烛台；金子做的圣桌及其上面摆的纯金器皿（碟子、杯子、碗、钵、刀叉、锅、铲子）；还有一些其他金制物品。要制成卡尔纳克浮雕上反映的 204 件物品，需用几吨黄金和银子。但是，这 204 件珍宝只不过是所罗门财宝的一小部分。可见，所罗门的财宝多得惊人。

所罗门的财宝主要来源是：以色列—犹太王国的人民百余年劳动积累的财富，大卫和所罗门等在战争中获得的战利品，所罗门对外经商的利润，示巴女皇和哈特西普苏特女皇等人的贡物，金产地俄斐提

所罗门国王

供的黄金。历史学家认为，所罗门的黄金主要来自传说中的俄斐金产地，这个金产地指现在的津巴布韦境内赞比西河与林波波河之间的一些古代金矿废墟。据传，这个金产地为所罗门提供了巨额黄金。英国历史学家哈格德曾描绘过所罗门矿藏的情况，认为这个矿肯定在津巴布韦的马庞古布韦山附近。英国历史学家巴兹尔·戴维逊也持上述观点。

所罗门的巨额财宝下落到底怎样？后人一直关心这个问题。统一的以色列—犹太王国在所罗门死后不久分裂了，新巴比伦王国举兵攻占了耶路撒冷城，巴比伦军队在城内大肆烧杀抢掠，圣殿遭洗劫，被焚毁，变成废墟。可是，占领者一直没有搜到所罗门财宝。那么，这批财宝到哪里去了？人们对此提出种种推测。

一些历史学家分析，去向有两种可能。一种可能是，在巴比伦人入侵耶路撒冷城之前，财宝和金约柜已被运走，隐藏起来。但是要运走如此巨大财宝而又绝对保密是不易办到的，何况巴比伦军队是突然入侵的。另一种可能是，财宝和金约柜仍在圣殿的秘密隧道和地下室内。因为隧道和地下室结构复杂，曲折深邃，埋藏隐蔽，入侵军无法找到。

两千多年以来，人们一直在寻找这批财宝。一次一次冒险，有的甚至丧生，但是换来的是一无所获，直到现在人们还不惜代价在寻找它。耶路撒冷古城的历史几经重大变迁，诸多王国先后交替，都城得而又失，所罗门圣殿几经变化，毁而又建，这给寻宝活动又增加了几分困难。

从公元前4世纪起马其顿、托勒密、塞琉古诸王国先后占领了耶路撒冷，他们都花了很大精力，千方百计寻找所罗门的财宝和金约柜，但毫无结果。公元1~2世纪，罗马帝国占领时期，也千方百计寻找，一无所得。

犹太教、基督教、伊斯兰教都在耶路撒冷兴起，这三个教派的教徒们都坚信所罗门财宝和金约柜是存在的，并认为这是主赐给他们的，

古耶路撒冷城遗址

各教派因此都把寻找金约柜和财宝作为自己神圣的使命。11～13世纪，基督教几次组织十字军东征，攻进耶路撒冷，到处寻找财宝和金约柜，也一无所获。

20世纪，有几名英国冒险家来到耶路撒冷，用金钱买通守夜人，偷偷潜入圣殿，掘地挖土，寻找财宝，挖洞很深，毫无所得。

传说，圣殿内的秘密地道与一条叫尤安布暗道相通，两千多年来，人们一直怀疑，所罗门财宝和金约柜可能藏在尤安布暗道之中。1867年，英国军官沃林上校在一次郊游时，偶然发现了一个弯曲的暗洞，他走进去很深。这时上校向人们宣布，他发现了尤安布暗道。可是，在里面并没有寻到财宝。

20世纪30年代，美国的两个探险家理查德·哈里巴特和莫特·斯泰布秘密地进入了传说中的那条尤安布暗道。两人便在黑暗阴森的隧道中摸索前进，并用铁铲挖土，可是挖到台阶上方，流沙源源不止，两人心中着慌，怕被流沙埋没就退出了暗道。从此，那条神秘的暗道，再也没有人知道。

有些学者认为，所罗门在位时，常派船出海，每次满载金银而归。人们推测，所罗门在某一海岛上有黄金宝库，船载的黄金大概就是从这个岛上来的。但是，这黄金究竟藏在哪个海岛上仍是个谜。

1568年1月西班牙探险家门达纳第一个到达西南太平洋上俾斯麦群岛东南的一群海岛，发现岛上的居民戴着闪闪发光的金饰，便认为这些岛屿就是所罗门王派船运取黄金的地方，并把它们命名为所罗门群岛。从此，引来了很多寻宝者。所罗门群岛处于赤道，终年炎热、潮湿，这里的年降水量为3000～3500毫米，多山，森林茂密，全岛有90％面积为密林所盖，故找宝活动进行困难，许许多多上岛找宝的人均一无所得。也有人认为，所罗门群岛上并无所罗门财宝。

神圣的金约柜，巨额的所罗门财宝到底隐藏在何处，前人为这个千古之谜已付出了不少代价，今后一定还会有人用最新的方法去寻找它，也许有朝一日会有人把这个谜揭开，使得闪闪的黄金和宝石之光，重新耀人眼目。

亚洲宝藏

多拉克宝藏真相

> 古老的国家总会有很多传说，其中财宝自然是少不了。因为历史太漫长，所有的财宝都成了梦。

1958 年的一天，考古学家詹姆斯·梅拉特坐在从伊斯坦布尔开出的一列火车上。坐在他对面的是一位黑头发的姑娘。他无意间瞥了她戴的手镯一眼，立即认出那是几千年前的赤金制品。这一瞥把他引向了一批无价之宝，梅拉特认为自己碰上了意想不到的好运气。

没有哪个考古学家会对这样的手镯无动于衷。梅拉特向姑娘作了自我介绍。姑娘告诉他，手镯是她家中的收藏品之一，还答应带他去家里验看其他的收藏品。

傍晚，列车开进土耳其爱琴海岸的港口城市伊兹密尔。姑娘带他换乘交通工具去自己家中。梅拉特心中充满对那批珍宝的渴望，没有去留意换乘的渡船和出租车的路线。

姑娘从家中的一张五斗橱里把她的收藏品一件一件取了出来，梅拉特大吃一惊，面前摆的东西，可与图坦卡蒙（前 14 世纪时的埃及法老）墓的发现相提并论。他询问是否能对它们进行拍照，姑娘拒绝了，但同意让他待在屋里，把珍宝的图样临摹下来。

梅拉特欣然接受了这一提议。他夜以继日地研究这批令人难以置信的珍宝，临摹它们的复杂结构，拓下上面的象形文字，记下每一个细节。姑娘说她是希腊人。她告诉梅拉特，这些收藏品是在第一次世界大战后希腊占领土耳其期间发现的。它们来自湖边小村多拉克的一处秘密洞穴。

梅拉特感到眼前的事意义重大。这批珍宝是四千五百年前青铜时代的遗物。他知道，他偶然发现了一座古城的重要线索。

这是一座由武士阶层统治的以航海为业的大城市，其繁荣程度接近荷马时代的特洛伊城，其财富和影响也堪与特洛伊城相匹敌。这是一个考古学家们梦寐以求的东西。所有的理论将不得不因此被重新论证。

一天晚上，梅拉特终于干完了手头的工作，离开了姑娘的家。此后，他再也没见过那位姑娘和那批珍宝。梅拉特事后才认识到，对于

位于土耳其西南部的爱琴海岸

掌握着通向发现之门的钥匙的那位姑娘，他知道的确实太少了。他只记得她说的英语中带有美国口音，她说她名叫安娜·帕帕斯特，住在卡津·德雷克大街 217 号。

梅拉特犯的第一个致命的错误，是未经核实地相信了姑娘的话。后来，对此持怀疑态度的土耳其调查人员说，他们没有发现任何名叫帕帕斯特的人，卡津·德雷克大街也根本不存在。接着，梅拉特又犯了第二个错误。在安卡拉，他向他的上司英国考古学院的西顿·劳埃德教授汇报说，早在六年前，他就发现了那批珍宝，只是到了现在，他才获准公布这一发现。他撒这个谎，是出于一个很简单的考虑：他结婚才四年，他不想因说出曾在一个女人家待了好几天而引起会使妻子困扰的流言蜚语。

1959 年 11 月，梅拉特的发现发表在《伦敦图片新闻》上。谴责的浪潮随之而来。梅拉特不得不旷日持久地竭力为自己辩白，同时懊恼自己所犯的两个错误。他曾写信给土耳其文物部门，通知文章即将发表的事，但信丢失了。

当配有珍宝插图的文章发表之后，土耳其官方大为恼火。他们要求知道那批宝贝的下落：是在哪儿发现的？为什么没有告诉他们？一想到国家的一批珍贵宝藏已被人拐走，他们就责备梅拉特。梅拉特尽其所能地帮助土耳其当局，但安娜和珍宝都不落痕迹地消失了。

没有任何证据说明梅拉特与财宝的失踪有关联。然而，两年半以后，在土耳其《米利耶特报》的怂恿下，一场诽谤运动展开了。该报声称，梅拉特所说的挖掘日期是不真实的，多拉克宝藏的挖掘就是 50 年代的事；当时，在掘宝地点附近，有人看见梅拉特和一位神秘的女子在一起。

后来，上述说法被证实是虚假的，警方的调查也已停止。但是，对梅拉特诋毁和轻蔑的运动仍在继续；梅拉特仍被禁止在土耳其的一个古遗址上从事下一步的研究工作。

土耳其风光

有影响的敌人忙于暗中活动。他们说,梅拉特编造所谓的发现,只是出于对自己今后生涯的考虑。他们何必要以此来使梅拉特声誉扫地呢?其实,梅拉特并不需要用哗众取宠的文章来提高他作为考古学家的国际声誉。

然而,安娜是谁?她与梅拉特在火车上相遇纯粹是巧合吗?也许有人知道,那个手镯肯定会引起考古学家的注意,因此特地安排了这场闹剧?有的人认为,梅拉特是走私团伙设下的诱饵;是他们偷走了多拉克珍宝,并准备把它们卖掉。他们知道,他们手头的赃物一旦被梅拉特这样享有盛誉的专家证实是真品,在国际黑市上的价格就会猛涨。《伦敦图片新闻》刊登的权威性文章为走私团伙提供了可靠性证明。接下来,这批珍宝被装运上船,悄悄地驶向世界各地的秘密买主。

如果这个判断不错,那么关于安娜和珍宝的真相可能永远不会被揭开。

越王勾践的自用剑

> 一把不生锈的宝剑，让人想到在久远的过去是否曾拥有现代的先进技术。或我们只是在某些时间丢失了这些技术？

1994年3月1日，举世闻名的"世界第八大奇迹"——秦始皇兵马俑二号俑坑正式开始挖掘。这是20世纪以来巨大的考古发现之一。

在二号俑坑内已出土有铜矛、铜弩机、铜镞、残剑等，其中还发现了一批青铜剑，长度为86厘米，剑身上共有八个棱面。考古学家用游标卡尺测量，发现这八个棱面的误差不足一根头发丝，已经出土的十九把青铜剑，剑剑如此。这批青铜剑内部组织致密，剑身光亮平滑，刃部磨纹细腻，纹理来去无交错，它们在黄土下沉睡了两千多年，出土时依然光亮如新，锋利无比。科研人员测试后发现，剑的表面有一层10微米厚的铬盐化合物。这一发现立刻轰动了世界，因为这种铬盐氧化处理方法，只是近代才出现的先进工艺，德国在1937年，美国在1950年先后发明并申请了专利。

在清理一号坑的第一过洞时，考古工作者发现一把青铜剑被一尊重达150千克的陶俑压弯了，其弯曲的程度超过45度，当人们移开陶俑之后，令人惊诧的奇迹出现了：那又窄又薄的青铜剑，竟在一瞬间反弹平直，自然恢复。当代冶金学家梦想的"形态记忆合金"，竟然出

▎越王勾践的自用剑

现在两千多年前的古代墓葬里。

事实上，关于铬盐氧化处理的方法，并不是秦始皇时代的发明，早在春秋战国时期，中国人就掌握了这一先进的工艺。

春秋五霸时期，越王勾践"卧薪尝胆"，一举击败了吴王夫差，演出了历史上春秋争霸的最后一幕。岁月的流逝，使这场惊心动魄的战争静静地沉睡在历史的长卷里，忙忙碌碌的后人几乎把它遗忘了。

然而，一支考古队在挖掘春秋古墓时，却意外发现了一把沾满泥土的长剑，剑身上一行古篆——"越王勾践自用剑"跃入人们眼帘。这一重大的考古发现立即轰动了全国，但是，更加轰动的消息却来自对古剑的科学研究报告。最先引起研究人员注意的是：这柄古剑在地下埋藏了两千多年为什么没有生锈呢？为什么依然寒光四射、锋利无比呢？通过进一步的研究发现，"越王勾践剑"千年不锈的原因在于剑身上被镀上了一层含铬的金属。大家知道，铬是一种极耐腐蚀的稀有金属，地球岩石中含铬量很低，提取十分不易。再者，铬还是一种耐高温的金属，它的熔点大约在 4000℃。

中华文明中曾有过太多的秘密，谁能想象，20 世纪 50 年代的科学发明，竟然会出现在公元前二百多年以前？又有谁能想象，秦始皇的士兵手里挥舞的长剑，竟然是现代科学尚未发明的杰作？问题是在发现以后，我们用什么态度来解释这种超常规的科技早熟现象？我们真不希望看到有些人用"偶然"来解释，它应该有一个更加具体的说明。假如以上的事实是真实的话（至少铬盐氧化处理不是假的），那么我们就会问：他们的技术渊源是什么呢？

会稽山风光

清王朝龙王庙行宫宝藏之谜

> 那些曾经让我们骄傲和景仰的文化遗产，那些琳琅满目的珍藏，大部分都已散佚流失在一个个噩梦里。

清末，大清王朝已是风雨飘摇，原有的封建纲纪土崩瓦解，北京紫禁城内太监宫女偷窃文玩屡禁不止。终清后，废帝溥仪也加入了偷窃的行列，故宫文物因而流落民间者多矣。而此时，远在天边的宿迁皂河龙王庙行宫，僧人们也屡屡盗取宫中文玩变卖。据称当时行宫旁经常有古董商人光顾，行宫中珍藏的文物也就是从这个时候开始流散和毁坏的。

大型古建筑群"龙王庙行宫"位于江苏省宿迁县皂河镇，历经康熙、雍正、乾隆、嘉庆直至清末历朝修缮、扩建，规模宏大，雄伟壮丽，气象万千，吸引了众多观者。然而，游客们每每在赞美它壮观之余，对于该行宫的缺失都会慨叹万千。天灾人祸，使这座本应堆金砌玉、满目繁华的皇家禁苑中，无数宝藏流失湮灭，让人扼腕长叹。明清两代，一直都把河工、水运看作国家头等大事，而祭祀河神则被认为是水运畅通、御灾驱患的必要保障。在运、黄两河的沿线，祭祖河神、水神、龙神的祠宇很多。但其中规模最大的则是皂河龙王庙行宫。

该庙始建于明初，自清以来逐代增饰。清帝多次亲临祭祖。庙中原有的匾额、碑刻、书画多出自清帝手，各殿中供奉神祇的陈设用具，

■ 龙王庙行宫

无不遵循皇帝礼制，爵、豆、瓶、尊，三设六供，一应俱全。一切银器、铜器乃至瓷器、玉器均为朝廷御赐，其他的木器、雕像、石刻、清供用品，其数量之丰，工艺之精，无不流光溢彩，精巧奢丽，远非一般民间庙宇所能比肩。

随着清朝皇帝多次临幸，加上岁时祭祖封赏，龙王庙行宫的珍藏不断增多，有些在今天看来价值连城的东西，在昔日行宫中都司空见惯。据行宫中最后一任方丈戒明和尚回忆，当时各殿神祉前供奉均用铜制宣德炉，总数不下三十个。按现在拍卖价格，每个宣德炉均在十万元以上。除正殿神像之外，僧人斋舍内供奉的都是一两尺高的鎏金铜佛。这种铜佛的价格如今约在三十万元左右。至于各种官窑瓷器，包括戒明在内的和尚们还俗以后，还都保留了许多，作为农家盆罐。而一件官窑青花瓷，如今卖上百万元已不是新闻了。另外像乾隆帝五次题诗的真迹，康熙、雍正所题的匾额、楹联、赞语，加上历年所接圣旨、御赐藏经计二百余件，俱由方丈亲自珍藏。

今天，站在这些金碧辉煌的殿阁楼台前，依稀还是往昔的香烟缭绕，而数百年的沧桑，已让繁华落尽。那些曾经让我们骄傲和景仰的文化遗产，那些琳琅满目的珍藏，大部分都已散佚流失在一个个噩梦里。仅能凭着当地老人的回忆、蛛丝马迹的线索来追寻那些扑朔迷离的宝藏遗存。民国初年，社会动荡，行宫几遭兵匪。如1929年，国民党岳继竣部队来宿迁镇压刀会，烧杀抢掠，肆无忌惮地抢劫走行宫中文物无数。其中一个营长还看中了龙王庙寺院慈善堂中供奉的一尊大型玉佛，指示手下将其抬走，谁知抬到镇中火神庙附近，却怎么也抬不动了。镇中父老乘机求情，并说玉佛显灵

坐落于江苏宿迁的乾隆行宫龙王庙

了，不愿离开皂河。那军官有些害怕，只好作罢。而那玉佛一直放在火神庙里，新中国成立后火神庙一度成为文化活动中心，有人将玉佛放倒，坐在上面拉琴唱歌，后玉佛又被人掀翻到庙内池塘中。镇卫生院在此成立后，又在池塘处垫土，盖成了宿舍。

土改后，龙王庙行宫的庙产湖田全被分给农民，僧人们坐吃山空，更加变卖庙中各种文玩古董。当时庙里一件红木条几，只卖二三元钱，一把硬木太师椅还卖不到一元钱。庙周围的农户中至今仍有人保存着当年购买的木器家具。

在此期间，最令人痛惜的是乾隆龙床的被毁。在临被赶出庙门的那个冬天，戒明方丈和几个小和尚到处找不到烧火的柴火了，能烧的已经烧完，总不能拆殿上的檩条吧，于是戒明只好狠狠心，亲手将龙床从后宫墙上取下（原来龙床是挂在后宫墙上的），用斧头劈开，当柴火烧锅做饭了。戒明生前每忆至此，自己也叹惜不已，据说那龙床极其熬火，做了近十天的饭才烧完。这和后来庙里的大禹王神像的遭遇是一样的。"文革"前后，神像全被摧毁，泥塑的被捣掉，石雕的被砸碎，木刻的大禹王神像也被拉下神坛，用斧头劈坏，扔到了街东村部。村部冬天开会，天冷便劈一块神像来烤火，据说一烧便满屋香气，一直烤了一个冬天才烧完。

离龙王庙行宫不远的北边有两座小庙，一为佛家，供观音，称观音堂；一为道教，供天后娘娘，称惠济祠。因道姑和尼姑都是女人，老百姓便统称两个庙都叫奶奶庙。龙王庙行宫被粮食部门征用后，汗牛充栋的经卷、碑帖都被运到了这里存放。当时奶奶庙正殿和两庑中都被塞满，无人过问。四周的农户起初都去扯回来当手纸，因为多是宣纸，毛边纸，纸质绵软，所以很受欢迎。后来渐渐发展到扯回烧锅，火旺而无烟，村民争先效仿，日久天长竟然一空。街头村老会计一日做账，因无演算纸，想到奶奶庙拿些经本，可是一开门才知已是空空如也。

20世纪90年代中期，原宿迁市文化部门在着手对龙王庙行宫进行新中国成立后第二次抢修的同时，也开始了对龙王庙原始文物流失去向的追寻工作。文博人员通过开座谈会，拜访知情者，下田头、进农户调查了解，取得了不少第一手资料。1997年夏，在调查过程中，一个姓蒋的民间鼓乐艺人提供了一个线索。他在附近某镇的农具厂厂长家吹喇叭时，曾看过一座铁鼎，鼎上的铭文表明这是皂河龙王庙的遗物。该厂长自称是1958年大炼钢铁时，皂河镇卖给该农具厂的。文博人员非常兴奋。须知当年龙王庙行宫的铁鼎可算是宫中一绝，它以精铁铸就，两米多高，状如玲珑宝塔，雕龙刻凤，多层飞檐，烫金主顶，如果其能回归，无论是从文物保护角度，还是从行宫历史资料的研究角度，都将具有十分重大的意义。

在得到了有关部门同意后，文博人员决定正面接触该农具厂厂长。几次谈话，那厂长却一口咬定从未见过什么千斤铁鼎，并带着文博人员在厂区巡视了一番，的确不存在此物。

文博人员并不气馁，决定主动依靠当地的有关部门，对该厂长加强国家文物法规知识的教育，经反复宣传，耐心说服，该厂长终于承认自己的确藏有龙王庙行宫的一件铁器，这是自己买断农具厂产权以后，从农具厂仓库中搬回家的。但这件铁器绝不是文博人员所说的千斤铁鼎，只是一个状如铁盆的东西，因为不认识就马虎地称之为鼎。该厂长从家中搬出此物。这是一个直径二尺左右的大型铁磬，呈盆状，四壁铸有铭文，为光绪年间皂河龙王庙方丈绪控监铸。文博人员试着敲击一下，音质悠长舒缓，非常优美，可谓保存完好。所有的文博人员都十分高兴，那厂长亲自开了卡车，运着铁磬，回到它阔别了四十年的龙王庙行宫。

1983年，省市有关部门对皂河龙王庙行宫进行了新中国成立后首次大抢修。这个新闻在报端公布不久，当时的宿迁县文化部门就收到了一封来自上海闸北区的信。写信人自称新中国成立前在龙王庙行宫里做和尚，新中国成立后还俗，到上海做了一名普通工人，写信之时，已退休在家。这名退休工人在信中讲述了这样一件事：

在宿迁第二次解放的前夕（即1948年6月），当时做小和尚的他奉命和其他几位师兄弟，将庙内方丈珍藏的康熙、雍正、乾隆、嘉庆皇帝的御笔真迹、几大包圣旨，和一些当时认为价值较高的字画、账本等物品全装入箱中，埋入地下。信中指证，埋藏的地点是在后大殿内楼梯拐弯处的正下方，靠墙边向里第九块罗底砖下，中心深度五尺到六尺左右。

阅信后，有关部门大多数人都认为这是个无稽之谈。在当时的历史条件下，人们头脑中"左"的东西仍占据相当位置，另一方面，文物意识淡漠，认为此事即使是真的也不过是一些"封建糟粕"而已。但当时有一位负责新闻科的同志却留了心，他会同了当时负责文博工作的图书馆长，一同来到实地考察。令他们失望的是，后大殿早已面目全非了。原大殿是重楼结构，但二楼被解放初期粮食部门拆掉，已不存在楼梯，所以楼梯拐弯处就无从找起。另外，地面上早已打上了厚厚的水泥层，第九块罗底砖就更无法确认。最重要的是：当时殿内满满地贮存了几百吨粮食，想见到地面都不可能，更别提挖五尺六尺了。所以，他们二人只好作罢。

直到1999年，省市文保部门决定对龙王庙行宫进行第三次大规模修复，而重修后大殿也在修复计划之内。恰巧，当年在宣传部工作的那位同志已是宿迁县主要领导之一，同时负责此项工作。他回想起当年的那封信，便明确指示，在这次修复过程中，一定要多方配合，注意寻找当年可能匿存的文物。

2000年夏，皂河龙王庙行宫后大殿重修工程动工，地基挖掘工作刚刚到一半的时候，工地上便传来了鼓舞人心的好消息：施工人员在东墙根处挖出一块残破石碑。文博人员在清理现场后，没发现其他物品，便指挥工人小心翼翼地将石碑抬出。经初步研究，这是块记载着龙王庙行宫当时庙产土地情况的纪事碑。这块石碑的发现对于研究龙王庙行宫的源起、经济供给、发展状况，都具有很大的意义。

然而，接下来的施工过程，却给热切期待的人们泼了盆冷水。在历时两个月、深挖了近三米的地基清理过程中，文博人员及施工人员过滤普查了所有取出的土层，除了发现大量的瓦砾、瓷片、木炭、石灰等文化层之外，可谓一无所获，令人大失所望。

事后，建筑技术人员和县博物馆同志就此事做了认真分析。他们认为：即使没有发现上海来信中所说的"御书圣旨"之类的宝藏，也不能就认定当年的上海来信是凭空捏造。根据古建工程人员分析，尽管后大殿地基挖得很宽，涉及面很广，但毕竟殿中央地面仍没动土，说不定该宝藏正是埋在殿中央了。因为不是正式挖掘文物，所以不便专门深挖。根据博物馆人员的比较和分析，发现挖出的文化层中有大量的和此殿原地面建筑一致的砖瓦石灰等建材碎片，这说明在1957年左右，粮食部门拆掉大殿上层时，已经挖掘过殿内地下部分了。也许，那批宝藏在当时已遭厄运了。

1998年底，与皂河镇仅一河之隔的王官集镇某村的一位田姓老人，在临终前告诉他的儿子，他当年曾是龙王庙里的守门僧人。在1948年6月，他奉命和其他几位师兄弟，将庙里的银元、银器和一部分金器收拾好，装入木箱中，埋在禅门前的大戏楼东侧。老人去世后，他的儿子立即将这一消息报告了刚刚组建的宿迁县博物馆。馆里的同志非常重视，在征得有关领导的同意后，按照田姓老人所讲述的，找到了大戏楼的墙基遗址，在向东若干米，向北若干米的位置开始挖掘，挖了不长时间，就发现了松软的土层，还有一部分可能是用来作标记的石灰粉，但接着往下挖，便空空如也。富有经验的古建筑队技术人员，经认真检查后判断：这里已经被人盗挖过了，而且盗挖的时间起码在四十年以上。也就是说：很有可能是当初参与埋藏的僧人，后来偷偷地盗走了这批宝藏。

结合一部分历史事实，文博人员分析：在1948年6月，龙王庙的僧人出于对我党政策的不理解，曾窖藏金银细软和一些有价值的古玩字画等物品。在这样一个拥有上千顷良田、几十处房舍的皇家庙宇中，众多的珍藏财物不可能由某一个人单独行动，埋于某一处，而是一次多个小组分头行动窖藏的，所以导致窖藏地点线索多样，且不确切。

亚洲宝藏

印度古钱币揭秘

> 即使是古老的文明，古老的贸易方式，人们都能找到解决做生意的难题的办法。

我们早已知道两千年前的罗马人步亚历山大大帝后尘，到过印度。在当时交通既不便利也不快捷，这么远的旅行可算是一项壮举。罗马人不畏千里迢迢，甘冒种种艰苦到东方来，是完全可以理解的，因为任何一个欧洲商人只要从事东方奢侈品贸易，多有厚利可图。但罗马人面对那些文化迥异、似乎亦无所求于罗马商贾的印度人，有什么可以提供呢？原来在印度南部曾有罗马钱币出土，一般人一听自然以为是零星出土的，但事实上钱币多半是大量埋藏在一起的。

那么，是否有少数魄力过人的印度人垄断了与西方的贸易，而迅速取得大量在印度不能用的钱财？或者，这些窖藏钱币，对印度收集者具有某种特殊意义？历史学家细心地将东西方贸易的

印度出土的古罗马钱币

证据集合起来，详加研究，终于对印度宝藏之谜提出别具匠心的答案。

当时罗马帝国国泰民安，商业贸易兴旺发达，罗马富有公民渴求各大洲、各文明地区的奢侈品，多能满足所欲。商贾从未开化的北方人那里输入琥珀和皮毛，从非洲运来象牙、黄金、香料及竞技用的野兽，从印度次大陆则运来充满东方色彩的奇货。奥古斯都在位期间（前27年至公元14年），罗马与印度贸易兴盛。远自亚历山大大帝时期到东方发财的故事本已人人乐道，到这时许多印度商旅来到罗马帝国，更激发罗马人做贸易的兴趣。有一队印度商人带来了许多奇珍异物，诸如天生无手臂的人、大河龟、蛇，还有"大如秃鹰"的鹏鸽；其他商旅则带来珍珠和宝石，这些才是罗马市面上洋洋大观、更有代表性的进口货。当时每年总有120艘船，由受罗马控制的埃及乘着季风驶往印度，去装运这些珍贵货物。

在这种贸易中最活跃的代理商就是罗马帝国的批发商人，他们是以亚历山大港为根据地的希腊人。亚历山大港在地中海海岸，是西方主要港口，东方的货物和原料即经此集散和转运。在印度，商人首先沿马拉巴海岸建立贸易站，在这些贸易站采购得大批香料，特别是胡椒，还有平纹细布、香水和象牙。公元1世纪末期，罗马商人从今日称为斯里兰卡的地方，借以物易物方式采购到珍珠和宝石，并且向印度商人购到远东地方的产品，其中最著名的当然是中国丝绸。

要购买所有这些商品必须有一种方法付款，但是当时印度这个国家的人民多不知有货币，对于罗马商人惯用的钱币，他们并无多大需求，所以免不了产生买卖时如何付款的难题。不过，这种麻烦最后以很巧妙的方法解决了。

1775年，首次有一大批罗马钱币在印度出土。当时的考古学家和历史学家都假定这些窖藏钱币，是印度商人的积蓄，由于某种不幸遭遇或意外事故，致使钱币长久埋没了。但现代历史终于了解，印度人有兴趣收藏这许多钱币，并非因为罗马钱币可用于购货流通，而仅是把钱币作金锭或银锭看待。

■ 亚历山大的地下陵墓

　　因此每一批窖藏钱币都已称过重量然后印上证明戳记，代表的是某一定量的金子或银子，要购买某种整批的货物时，拿出这样的一批钱币作货款便行，就像现在印度市集上，有时也称出银首饰重量以确定可交换多少货物。由于罗马的金子和银子已经分铸为一个个有统一标准的金圆或银圆，这样印度人收集和应用起来就很方便，从而大大提高罗马人的商誉。罗马学者普利尼说过，因为罗马钱币质量不变，尽管上面所铸为历代不同帝王的头像，但所有钱币重量相同，其金或银含量也始终如一，所以斯里兰卡国王对此有了好感，对诚实的罗马商人颇为优待。

　　当时的印度人为防止这些钱币重新用作货币，所以在钱币帝王头像上凿上一道刻痕，很多在印度出土的罗马钱币是这样毁损的。尽管印度人不用这些钱币作小额交易，但他们并不漠视钱币上的精美可爱图案，更以这些图案为蓝本，用赤陶仿钱币制成穿孔或带环孔的首饰，有的还镀金然后佩戴。

但从罗马人的观点看来，钱币不断流往东方，而且一去不回，显然并非健全的营商之道，因此很快便实施了钱币出口限制。后来暴君尼禄降低了罗马银币的成色，印度人对罗马钱币的实在价值丧失了信心，于是拒绝再接受任何罗马钱币。商人不得不另谋易货的代用品，因而开始以商品互换，通用商品包括精美餐具、玻璃、亚麻布、珊瑚、灯饰、加工的宝石和酒等。1940年，印度的阿里卡梅杜发掘出一个罗马人主要的贸易站，发现了大量地中海地区所制陶器的碎片，表明罗马商人运用这种新贸易策略十分成功。阿里卡梅杜的仓库贮藏意大利陶罐、碟、美酒和餐具，在作坊里可以加工珠宝和织染平纹细布。

但罗马军团要维持强大战斗力，罗马人民要安居乐业，并不仰仗于印度的贸易。公元3世纪罗马内部危机重重，导致商业和贸易衰退，商人信心不足，与印度的直接贸易便停顿下来。从前充任中间人的阿拉伯人和波斯人把贸易接过来做。亚历山大港的商人不再顺季风扬帆渡海做买卖。从此，西方心目中的印度再次成为充满神秘和难以接触的传说之邦。

亚历山大大帝在位期间（前336至前323年）东征西讨，首开地中海地区居民与印度互相交往风气。但由于波斯地方强大的帕提亚帝国兴起，古代横贯亚洲内陆的路线遭阻截，从地中海至次大陆即不能经陆路往来。于是商人转而向海上谋求安全的商路。

公元前1世纪，一位叫希帕洛斯的希腊商人发现可以利用西南季风来往印度次大陆，并且提供了准确地理资料。于是，其他商人迅即利用希帕洛斯所说的季风与东方做着史无前例的大规模贸易。在七八月间，善于利用季风的商人有四十天时间可从阿拉伯港口直航印度南海岸的马拉巴。12月至1月完成交易后，则经红海，或波斯湾及陆路回到地中海。到公元1世纪，西方商船队已绕过印度南端到达次大陆东岸的贸易站（此前则经陆路），从此也建立起地中海与斯里兰卡的直接贸易，有的船只更远航至缅甸、马来亚、越南甚至中国。

美洲宝藏

　　意大利航海家哥伦布踏上了这块不为世人所知的土地，随后这块大陆就不断把它不为人知的一面展示给世人。这片年轻的土地很快就让人们知道它所蕴藏的财富，人们翻山过海地来了，在这里找到他们的黄金。不幸的是，没有多少人把这些黄金带回家，他们和他们的宝藏成了一个永远的谜。

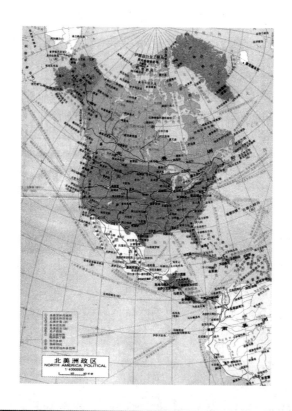

罗亚尔港宝藏

16 世纪，中、南美洲是西班牙的天下，殖民强盗搜刮了大量金银财宝，一船船运回欧洲。在入侵西半球方面，英国落后西班牙一步，除了控制北美洲北部地区以外，很难染指西班牙的势力范围。心理不平衡的英国嫉妒西班牙抢到的巨额财富，就怂恿海盗专门袭击西班牙的船只，并为海盗提供庇护所。与此同时，欧洲一些亡命之徒沦为海盗，在美洲沿海抢劫过往商船，特别对抢劫西班牙皇家的运金船更感兴趣。英国政府当时专门辟出英属殖民地牙买加岛东南岸的罗亚尔港作为海盗的基地，罗亚尔港于是成为历史上海盗船队的最大集中地。

罗亚尔港公开的身份是牙买加首府，非正式身份是海盗首都，海盗抢夺来的金银珠宝在这里堆成山，一船船金子有的时候都轮不到卸船，只有停放在港口里等候。虽然只有几万人生活在这里（其中大约 6500 人是海盗），但城市的奢侈程度远远超越当时的伦敦和巴黎。整个城市没有任何工业，却可以享受最豪华的物质生活。中国的丝绸、印尼的香料、英国的工业品一应俱全。当然最多的还是金条、银条和珠宝。

1692 年 6 月 7 日，罗亚尔港仍像往常一样热闹，酒馆人声嘈杂，销赃的市场顾客如云，各式船只频繁进出港口，满载着工业品的英国船只在码头卸货，美洲大陆的过境船在修帆加水。海盗船混迹其间，一般人难以辨别出来。中午时分，忽然大地颤动了一下，接着是一阵紧过一阵的摇晃。地面出现巨大裂缝，建筑物纷纷倒塌。土地像波浪一样在起伏，地面同时出现几百条裂缝，忽开忽合。海水像开了锅，激浪将港内船只悉数打碎。穿金戴银的人在屋塌、地裂、海啸的交逼下疯狂奔走，企图找一个庇身之所。

11 时 47 分，一阵最猛烈的震动后，全城 2/3 没于海水底下，残存陆地上的建筑物也被海浪冲得无影无踪。罗亚尔港从此消失在大海中，直到 1835 年，在风平浪静的日子里，人们仍能清楚地看见海底城市的痕迹——一些沉船、房屋依稀可辨。当时测量，沉城处于海平面之下 7 到 11 米。再以后泥沙和垃圾层层覆盖，罗亚尔港在人们的记忆中湮灭了。牙买加独立以后，政府一直没有放弃寻找这个海葬城市。

1959 年，牙买加政府和海下考古学家罗伯特·马克思签订挖掘条约。条约规定马克思只负责挖掘，而挖出的所有财宝都归牙买加政府所有。在之后的时间里，马克思找到了一部分城市遗址，并挖出了价值几百万美元的珠宝和大批生活用品。其中最有历史价值的是一只怀表，表针指向 11 时 47 分，由此确认了古城沉没的时间。而最有趣的是一尊没有头的雕像，专家研究证实这是中国人信奉的观音。

4 年以后，马克思以"再也挖不到财宝"为由离开牙买加。所有的人都不相信罗亚尔港只有这一点财宝，但谁也猜不出马克思离去的真实原因。1990 年，美国得克萨斯州大学接到牙买加政府的邀请，再次开始罗亚尔港的挖掘工作。专家们准确找到罗亚尔港的主要沉没地点，他们发现当年马克思挖出来的宝藏只是非常小的一部分，99％的宝藏还沉在海水里。现在罗亚尔港宝藏的寻找工作还在继续，不过牙买加政府没有决定打捞已经发现的物品和金银。没有人知道这个被海葬的海盗首都到底还能给人类带来多少惊喜。罗亚尔港罪恶的兴起和被自然覆灭的悲剧结果使它排在世界十大宝藏的第五位。

亚利桑那州金矿的恐怖色调

18 1840 年末，一位名叫伯兰塔的探险家深入山区，几经艰险，终于发现一处矿藏丰富的金矿，他仔细地作了标记，以便终生受用。从此很多探宝人一直想找出这处金矿，但很多人不幸葬身荒野，有些人则在途中惨遭印第安人的伏击而身亡。在通往黄金的通路上障碍重重，充满恐怖的气氛。

后来有一位德国探险者华兹终于找到了这处金矿。他经常在山上待上两三天，然后神秘地潜回老家，每次总会捎上几袋高品质的金砂。知道这个金矿地点的还有他的两个同伴，

恐怖的亚利桑那州金矿

但是他俩全被人神秘地杀害了，凶手是谁不得而知，大概和这座金矿一样成为永久的秘密了。

1891年，华兹死于肺炎，他在临终前画了一张地图，标明了这处金矿的位置。1931年，一位名叫鲁斯的男子通过种种途径弄到了这张不知真伪的地图，于是他携带地图，进入了山区，然而他却一去不返。六个月后，有人在山区发现了他的头颅，头上中了两枪，表情很惊恐，由此可以想象他一定被一种极为可怕的景象吓呆了。那么杀手又是何人呢？

1959年，又有三位探险者在这处山区遇害，是谁杀了他们呢？无论怎样，凶手肯定是金矿的知情人，他们试图保留这已不是秘密的秘密，然而，这一切阻止不了倔强的寻宝人，因而，探险者的身影、枪声、血腥、响尾蛇、荒野的呼啸构成了亚利桑那金矿恐怖的色调。笼罩在迷信山山区的迷雾更加使人混沌不安。

亚利桑那州风光

加州黄金宝藏沉睡大海

> 淘宝的人终于等到了他们想要的，但世间还有许多是人所不能控制的，在归途中，上帝为他们做出了审判。

公元 1849 年，美国加州发现金矿，一时间便掀起淘金热。西部和东部的冒险者云集于此，为一寸矿地而争夺、火拼、流血。整整八年后，一群群人带着用血汗换来的黄金，准备回家，结束这种残酷危险的日子。一大群淘金者风尘仆仆，带着他们的妻子、孩子，辗转万里，开始了又一种恐怖的行程。他们从旧金山搭船到巴拿马，再搭骡车横越巴拿马海峡，最后乘船驶往纽约。

这群人离开巴拿马两天后，也就是 1857 年 9 月 10 日，所乘坐的"中美"号汽船遇上了意料不到的灾难。这艘小小的汽船乘有 750 余人，吃水太深，加上遇到飓风，狂风暴雨的袭击

葬于海底的加州金矿

使船舱破裂，海水漏了进来。人们发现船帆被强风吹断，锅炉的火熄灭了，一望无际的大海使这群人感到绝望。他们组成自救队，妇女和儿童被送上救生艇，全部获救，但 423 名淘金汉连同那无法估量的黄金一并葬身海底。

那些幸存者们个个已无法确定沉船的准确方位，这批加州黄金宝藏的下落成为一个谜团。寻宝专家史宾赛曾经寻获几艘在美国内战中沉没的船只，他已花了二十年的时间来寻找这艘沉船，并深信已经找到"中美"号沉船的地点并将很快成功。但到目前为止，还没有得到他把这批黄金打捞上来的消息。

19 世纪初的美国西部城市旧金山

"圣荷西"号宝藏船何时打捞?

> 宝藏属于上帝,在那些沉船故事中我们有理由这样说,大海永远是人们向往的一个寻宝梦。

17 1708 年 5 月 28 日是一个晴朗的日子,一艘西班牙大帆船"圣荷西"号缓缓从巴拿马起航,向西班牙领海驶去。这艘警备森严的船上载满着金条、银条、金币、金铸灯台、祭坛用品的珠宝,这批宝藏据估计至少值 10 亿美元。

当时,西班牙正与英国、荷兰等国处于敌对状态,英国著名海军将领韦格正率领着一支强大的舰队在附近巡逻,危险会时时降临。然而"圣荷西"号船长费德兹全然不顾,一则他回国心切,二则他过于迷信偶然的幸运,竟

哥伦比亚西海岸

美洲宝藏

天真地认为：大海何其广大，难道会这么巧遇上敌舰吗？

"圣荷西"号帆船平安行驶了几天，船长显得轻松自信了，直至 6 月 8 日，当人们惊恐地发现前面海域上一字排开的英国舰队时，全都傻了眼。猛然间，炮火密布，水柱冲天，几颗炮弹落在"圣荷西"号的甲板上，海水渐渐吞噬着这巨大的船体，"圣荷西"号连同六百多名船员以及那无数珍宝沉往海底。

经无数寻宝者的测定，沉落地点终于有了一个大概的结果：它大约在距哥伦比亚海岸约 16 英里的加勒比海 740 英尺深的海底。

1983 年，哥伦比亚公共工程部长西格维亚说服哥国总统正式宣布，"圣荷西"号是哥国的国家财产，而不属于那些"贪得无厌的寻宝者"。哥国政府深信已找到沉船的地点，并计划在"适当的时候"进行打捞，估计费用高达 3000 万美元，但船上的宝藏估计至少值 10 亿美元。

▌哥伦比亚风光

"黄金隧道"与"黄金国"

为什么宝藏永远藏在那些深山老林之中，又为什么那么难以得到？因为人们的梦离现实太遥远。

据古代传说，在南美洲的地下，有一条长达千里的"黄金隧道"。沿着这条隧道向前迈进，就可以到达"黄金国"。"黄金国"里埋藏着大量黄金，国王和贵族的帽子和衣服上，都装饰着黄金，许多宏大的公共建筑物用巨大的金块砌成拱门，装饰着精美的浮雕，显得极为豪华，甚至连国王的马鞍、拴马桩、狗项圈等，也都是用大块的黄金做的。

"黄金国"究竟在哪里？众说纷纭，有的说它在迤逦的安第斯山中，四周山岭绵延，层峦叠嶂，全国臣民把太阳当作最早神灵而顶礼膜拜，每当旭日初升，晨曦普照，或在夕阳西下，红霞染映，"黄金国"显得分外妖娆；也有人说，"黄金国"是在海拔 2700 米、由死火山口形成的"哥亚达比达"湖畔，每年定期举行祭祀"黄金神"的仪式，国王与贵族把许多黄金饰物作为供奉神灵的礼物而投入湖中，宗教的狂热使他们如痴似醉，有时抬着驼马投入湖中作为敬献给神灵的活祭品；有人说，"黄金国"在一个名字叫巴里马的"黄金湖"畔；有的却认为，"黄金国"隐藏在里里诺斯河与亚马孙河之间的某一地区……关于"黄金隧道"与"黄金国"的传说还有许许多多，在民间广

美洲宝藏

87

泛流传，越传越神奇，但谁也无法准确地说出它的具体地点和真实情况。

从公元 15 世纪以来，由于西欧各国商品货币经济的发展和资本主义关系的萌芽，金属货币成为普遍的支付手段，这就引起欧洲的商人和封建主对于黄金的强烈渴求。关于南美洲有"黄金隧道"和"黄金国"的传说在欧洲广泛传播后，西欧社会上自国王、僧侣、大贵族，下至中小贵族，尤其是商人和海盗，都渴望到南美洲寻找"黄金隧道"与"黄金国"，于是掀起了一股"黄金热"的狂潮。

公元 1536 年，西班牙总督授命凯萨率领一支由九百多人组成的探险队，在南美洲的西北部进行考察达三年多之久，他们曾经深入到科迪勒拉山脉和马格达雷那河一带的深山密林中探索黄金，结果只剩下凯萨一人返回，没有发现"黄金隧道"与"黄金国"的一丝一毫踪迹。凯萨不死心，二十七年后，他又重新组织一支两千八百多人的庞大探险队，从海拔 2645 米的波哥大出发，在荒山野岭度过了三年多，最后仍然一无所获。

公元 1539 年，西班牙探险家率领一支庞大的探险队在南美洲北端进行考察，他们曾经深入到梅里达山脉和马拉开波湖区周围的沼泽地，他们宣称他们所到达的"马卡多亚"就是传说中的"黄金国"。可是，事实的真相是：马卡多亚只是一个古老部族的聚居地，根本不是黄金国。

公元 1541 年，一支由 310 个西班牙人和 4000 个印第安人组成的探险队，深入原始森林地区。从此以后，许多支探险队在从安第斯高地至委内瑞拉和巴西的广大森

位于南美洲西北的科迪勒拉山脉

林地区大规模地开展寻找"黄金隧道"与"黄金国"的活动，结果都毫无所获，失败而归。

公元 1595 年，英格兰探险家洛律率领一支探险队，以东南部圭亚那高原作为探索"黄金隧道"与"黄金国"的中心地带，他们深入到奥里诺科河谷和热带草原，考察过埃塞奎博河、德梅拉拉河、伯比斯河和著名的鲁普努尼草原。

探险结束后，他在他所撰写的《圭亚那帝国的发现》一书中宣称：他曾经发现过一个名叫"马洛亚"的"黄金国"，他

南美洲地形图

描述这个"黄金国"的情景："圭亚那帝国比秘鲁更靠近海，而在正东的赤道上出产的黄金比秘鲁的任何地点都要丰富，具有与秘鲁最繁荣时相同数目或更多的大城市。那个帝国根据同秘鲁同样的法律来统治，皇帝和臣下一起信仰同一种宗教。定名为'马洛亚'的'黄金国'，亦即是圭亚那国的首都，我确信那个帝都的雄伟、富裕，皇宫的壮丽为世界之冠。都城建在与加勒比海相等长度（约一千公里）的咸水湖畔……皇帝的用具包括桌、厨具等全是金银制品，就是最下等的物件也为了获得强度和耐久性而用银、铜制作。在皇帝的寝宫内，有巨大的黄金人像，以及模拟地球上生长的一切飞禽走兽、游鱼潜鲸、花草树木等同样大小的黄金模型。此外，还有黄金制的绳束、笔箱子以及用类似树木的黄金棒束架起来做成的黄火……"但是后人大都认为这些描述纯属凭空捏造，没有史实根据，不可相信。因此，洛律在《圭亚

美洲宝藏

89

那帝国的发现》一书中所描写的"黄金国",也根本不是古代传说中的"黄金国"。

但在公元 16、17、18 世纪时,欧洲一些人却对洛律《圭亚那帝国的发现》一书中所描写的"黄金国"——马洛亚帝都深信不疑。公元 1599 年,在当时绘制的"黄金圭亚那的新地图"上,竟然画着巴里马"黄金湖",在湖畔标明了"马洛亚帝都"。后来,甚至把巴里马湖标在赤道上,西面是"黄金国"及其帝都马洛亚,而把圭亚那却画在北面。再后来,把巴里马湖错写成"黄金的海"。从当时绘制地图上所表现出来的前后矛盾、混乱和荒唐的情况,可见当时人们根本弄不清"黄金隧道"与"黄金国"究竟在哪里。

直至现代,还有很多人依然在兴致勃勃地寻找"黄金隧道"与"黄金国"。在西班牙政府的大力支持和资助下,西班牙探险家曾率领大批民工,由色布卢贝特负责指挥,凿通了巴里马湖,排出了约五米多深的水,在湖底污泥中找到了一些卵石大的绿宝石和黄金制成的精美工艺品。

公元 1912 年,戈德拿泰兹公司花费了 15 万美元的巨额经费,雇用大批民工,运用新式排水机器,把位于海拔 2700 米高原的"哥亚达比达湖"汲干了,从湖底污泥里捞出了一些黄金以及用黄金制成的工艺品和贵族的酬神金俑。

公元 1969 年,有两个农场工人无意中在一个小山洞里发现了几件纯金的制品:金木筏一件,小金人像一件,金王座一件。这些偶然发现,更加激起了许多人寻找"黄金隧道"与"黄金国"的浓厚兴趣。他们认为,这些偶然发现为进一步探寻"黄金隧道"与"黄金国"之谜提供了重要线索和依据。从 1976 年以来,考古学家在南美洲曾发现许多重要的远古文化遗址和文物,对今后深入揭开"黄金隧道"和"黄金国"之谜很有参考价值。

沉船上打捞的财宝

又是一个很久很久以前的故事，不仅有财宝，还有传奇，还有梦想。

16 22年9月4日，星期天，一支运输舰队从古巴的哈瓦那港出发。这时正值飓风的高峰季节，但舰队所载的货物——新大陆的财宝、金、银、农产品，却是西班牙国内急需的。因此舰队司令决定去冒一次险。

二十八条船中，有一条630吨重的帆船"圣·玛格丽特"号。在它的舱单上整齐地标明装有大量银锭、银币，还有34根金条和金盘共计1488盎司，以及银器、钢锭、烟草和靛。船上14名旅客都带有各自的珠宝，同时船上还藏有大量的走私黄金和白银。当"圣·玛格丽特"号离开哈瓦那时，它实际上就是一座浮动的宝库。

舰队是在晴朗的天空下出发的，日落时他们到达东去的方位然后转向北方赶上墨西哥湾流。突然一股未预测到的飓风边沿——很小但强有力——进入了佛罗里达沙洲。到星期一黎明时，阵阵狂风吹打着舰队。起初舰队还能按预定航线前进。黄昏，大风逐渐增强为飓风。在滔天的巨浪中船与船之间的视线完全消失了。财宝船在狂风怒涛的摆布下被刮进了佛罗里达沙洲的暗礁和浅滩中。咆哮着的飓风吹散了舰队，船上的人整夜都在向上苍祈祷。

美国的佛罗里达州海岸

　　在初升的阳光照耀下，海面呈现一派令人恐惧的景象。巨浪怒吼着冲上佛罗里达暗礁，腾空而起，飞溅到远处的浅滩。"圣·玛格丽特"号船长向四周望，发现他的姊妹船正在浪涛中挣扎。也就在他观看的一刹那，那船沉没了。突然，"圣·玛格丽特"号剧烈地震动起来，很快冲上了浅滩。船上的人在巨浪把船击碎的同时抓住船上的栏杆和柱子。

　　当飓风离去，大海恢复平静时，只有 68 名幸存者在残骸中漂浮。他们大多数被经过此地的船只救了起来，其余 120 余人失踪了。飓风在 50 海里长的航线上摧毁了八条船。其中的两艘，"圣·玛格丽特"号和"亚特查"号分别沉在佛罗里达浅沙滩中被风暴袭击过的红树岛西南方大约 610 海里方圆的海域。寻找财宝的打捞行动马上就开始进行了，但一无所获。直到一个哈瓦那政治家佛朗西斯哥·奴奈兹·梅连获得一个从西班牙王室得来的合同才开始真正的搜寻和打捞。

　　1626 年 6 月初，梅连的水手用一只铜潜水镜，发现"圣·玛格丽特"号上的主要压舱物。接着梅连的打捞者们捞出 199 块银锭和 3 万多枚银币。撤退躲避敌对的荷兰船只后，梅连重返沉船处，打捞起 151 块银锭、更多的银币、一只大锚、八门铜炮、一些钢和银器皿。1628 年又打捞出 37 块银锭、大约 3 千枚银币，但大量的财宝仍然留在海底。

1629 年打捞季节前，梅连被委任为委内瑞拉的总督，去加拉卡斯上任，打捞"圣·玛格丽特"号的工作也就中止了。打捞"圣·玛格丽特"号清单送到了西班牙，存放在安第斯档案馆。失事的船只和它们的财宝就埋葬在佛罗里达浅滩外的沙底，渐渐被人们遗忘。

1971 年，一位老资格的打捞者费西按着从西班牙档案馆里搜集的材料中所提供的线索，发现了"亚特查"号上的大锚和其他一些物品。

从"圣·玛格丽特"号上打捞上来的珍珠

但"圣·玛格丽特"号——她在已知的佛罗里达财宝传说中犹如一只"幽灵船",却被谣传躺在不同的地方。档案馆的材料有些地方也模糊不清。一份材料上标明"圣·玛格丽特"号在"亚特查"以西3海里处,而另一份材料却把它标在"亚特查"号的东面。

潜水员在搜寻1622年沉没的西班牙帆船"圣·玛格丽塔"号时发现了这个纯金的牙签和挖耳勺组合,一名男子用放大镜观察。

1980年1月,费西在西沙洲召集了一次会议,计划进一步打捞的步骤。紧急情况迫使他下决心,因为一个资金充足的竞争者已经在费西发现"亚特查"号的残余物附近开始了行动。费西与另一位打捞者罗伯特·乔丹签署了一个合同,由他在搜寻中帮助费西。

冬天的沙洲,狂风频起,但1980年的冬天是合作友好的。几天来,在"亚特查"号西面用地磁仪搜索毫无结果。乔丹驾驶他的船"卡斯第连"号来到东边搜索。不久,在一片宽阔的沙滩边缘,地磁仪在坐标图上绘出独特的线条,乔丹在此抛了锚。潜水员发现一只小锚,接着发现了一只6英尺宽的大锅。一个电子仪器引导"卡斯第连"号驶向北方。使他们感兴趣的是,他们下一个停船处的海底铺满了压舱石、西班牙陶器、靛的残余,被一大块厚皮包缠在一起的四枚银币被打捞上来。

在第一个发现点以北沿岩头断层露头的浅水中,"卡斯第连"的潜水员发现了三大块很沉的金块。回到码头后，兴高采烈的潜水员打开香槟酒，用其中一块金块做搅酒棒。每个人都感到惊奇，这是一条什么船，会不会就是"圣·玛格丽特"号？

"维格罗娜"号在费西的公司里以财宝的发现者著称。几天后，费西那高个子、长着红头发的儿子，驾驶这条可敬的工作船来到一块可能的地区。他戴上水下呼吸器，跃入水中。这个年轻的潜水员惊奇地看到六块银锭整齐地排成两行，间隔非常匀称地靠在基岩上。在清澈的水中视野一览无遗。他看见一条被压舱石、钢锭

据考古学家估计，这个长 3 英寸（约 7.62 厘米）的纯金物件可能是金项链的一部分，至今已在海底沉睡 385 年之久。

和密集的装饰物覆盖着的，大约 23 英尺长的木船的大部。继续在周围的区域打捞，潜水员们发现了一块金块、两块很大的银锭和一只小的银碗，还有摇沙器、蜡台、盘子等。他们花了很大气力才把一包重 105 磅的银币拉上船。这些银币还保持着原来放在箱子里的形状，但那木头箱子早已腐烂没了。拿银锭上的标志与"圣·玛格丽特"号的舱单对照后，人们惊喜地发现：这只船不是别的，正是"圣·玛格丽特"号。

靠近"圣·玛格丽特"号中心的地点，1980 年 5 月 25 日，"卡斯第连"的潜水员们碰到了一条"富矿带"：十一块大金块，四块小金块，一个大金圆盘的一部分重 50 磅，五枚小埃斯库多金币，六块小银锭，两块古巴钢锭和 581 枚银币。

7 月 8 日可被称作为"金项链日"。当潜水员潘他·卡林在一块锭周围用手摸索时，突然一根大金链跃了出来，接着一根接一根，全附

美洲宝藏

西班牙风光

在一起缠成一个金团——共有十五根之多。最大的一根有149个装饰链结。"维格罗娜"号泊在附近，不久又发现六块金块和一个金盘。

　　1981年深秋，"圣·玛格丽特"号出水的全部财宝证实，它们是撒在一条长4000英尺的航道上。单是黄金就56块，重118磅。费西同他的水手们同时还发现180英尺长的金链和56枚金币，这是在当今从西班牙沉船中打捞出数量最多的一次。但是，至今仍有大量的珍宝遗留在海底，等待人们寻找和打捞。

印加黄金城谜底

印第安人所处的地方总传说有宝藏，贪婪的西方人总是把那些未知的领域想象成黄金之国。

印加人是南美洲印第安人的一个部族，1532年西班牙人入侵时，已形成了一个幅员辽阔的帝国，统辖着相当于现今的厄瓜多尔北境至智利马乌莱河这一片疆域，南北长达 4800 公里，人口达 1200 万。

印加文明在南美洲是当时最发达的。这里有高度发展的技术和建筑物。这里的许多庙宇殿堂由雕刻严整的重达几十吨乃至上百吨的巨石砌成，石块之间砌合严密，连薄刀片也难以插入，堪称建筑之冠；这里有许许多多纵横的主、支干道，无数岩石隧道和

古代印加的建筑

藤蔓支撑的索桥构成的长达3600多公里的石砌道路网，举世闻名。

印加帝国 12 世纪建都于库斯科，京城内亭台楼阁，金碧辉煌。这里的宫殿圣庙都是用数不尽的金银财宝装饰而成。规模宏大的太阳庙的墙面用金板贴角，过道用黄金铺地，门是黄金制的，黄金塑像金光闪闪。国王的花园堪称黄金花园，园内楼台景点全用黄金装饰，就连花坛上的花朵也用黄金制成。京城宫殿中的地窖和地下房室中存放着不计其

秘鲁印加遗址

数的黄金财宝。印加人崇拜太阳和月亮神，他们把金子的黄澄澄色彩视为太阳光辉，因此，不仅用黄金建造神庙宫殿，而且许多平时随身佩戴的饰物也是金制的。据说，印加人从 11 世纪起就开始世世代代收藏黄金。如果把印加人的所有金子累计起来，其数量相当于当时世界其他地方黄金数量的总和，真可谓是一个黄金之国。这也正是西班牙统治者入侵这个古老国家的原因。

最先获悉印加帝国遍地黄金的是西班牙人巴尔伏亚。他在 1511 年的一天，听到一个印第安酋长说，有一个地方人们吃喝用的器皿，都是金制的，那儿的金如同铁一样便宜。西班牙人还从其他印第安人中间听到南美洲黄金王国的传说。1522 年，西班牙人安迭戈亚航行到圣米格尔湾，深入到内地，他把亲眼见到的印加帝国金银富足的确切情况带回西班牙。从此，西班牙殖民者开始了对印加人的劫掠。

掠夺印加古国，给印加人带来深重灾难的是西班牙殖民者弗朗西

斯科·皮萨罗。皮萨罗 1529 年被封为圣地亚哥骑士，并被任命为新斯蒂尔省的总督。同时，西班牙王室要求皮萨罗把劫掠到的财富的五分之一交给王室。于是，皮萨罗便开始了侵略印加帝国的活动。

皮萨罗召集了一批赤贫贪财的年轻人，组成了一支探险队，于 1529 年秋从西班牙来到巴拿马，1531 年初离开巴拿马进入厄瓜多尔圣马特奥。他的第一个南征目标是印加帝国北部边境城市通贝斯。因为皮萨罗从所俘获的两名印加人口中得知，离通贝斯不远的地方有一座黄金城，所有财宝都是从那里来的。皮萨罗队伍边走边战花了一年时间才到达通贝斯。

1532 年，正逢印加帝国内战，政局不稳。皮萨罗利用这个机会率领队伍向印加人的北部重镇卡哈马卡进军，当时国王阿塔华尔帕正在那里。1532 年 9 月，皮萨罗率领当时只剩下的 170 人的队伍，没受到任何阻击就开进了卡哈马卡城。同年 11 月皮萨罗约请印加国王在卡哈马卡城内广场会见，在印加军队没防范的情况下，击溃了人数众多（达四万人）、但武器落后的印加军队，占领了卡哈马卡城，活捉了国王阿塔华尔帕。阿塔华尔帕为了保命，对皮萨尔说：如果你放了我，我将黄金堆满这个房间，送给你。皮萨罗打量了房间（长 6～7 米，宽约 5 米，高约 3 米），喜出望外，同意恢复印加王的自由。过了不久，在王宫的一个房间内就堆起了一人多高的黄金首饰，还有两个房间也堆满了银子。原来印加王从京城和全国各地收集了 1.3 万多磅黄金和 2.6 万多磅白银交给了皮萨罗作为赎金，实现了自己的诺言。皮萨罗把这批黄金熔铸成便于携带的金锭。单皮萨罗一人就分到了重达 800 磅的纯金。此外，皮萨罗还派人四处搜掠了大量黄金。

阴险狠毒的皮萨罗怕释放印加王是放虎回山，后患无穷，于是编造罪名，嫁祸于印加王，背信弃义处死了阿塔华尔帕。这激起了印加人的反抗情绪，他们在得知国王被处死的消息以后，纷纷把大量黄金埋藏起来，并到处袭击西班牙人。皮萨罗多次派部下搜索黄金，发现黄金已被转移，便重刑考问印加官员，得知印加帝国首都库斯科城中

美洲宝藏

的宫殿、神殿、寺庙都是用难以估价的金银装饰而成，他便于 1533 年 11 月领兵开进印加帝国的首都。从此，印加帝国沦陷，印加成了西班牙的殖民地。

皮萨罗在库斯科搜掠到许多金银器皿，找到了一尊黄金塑像及其他许多金制器物，但是，西班牙人发现，他们到手的黄金只是印加人财富的很小一部分，而印加人大部分金银财富都被隐藏起来了。

贪得无厌的皮萨罗难以克制他的黄金欲，在洗劫了

古印加贵族的庄园

首都库斯科的财宝之后，把印加贵族抓了起来拷问，想得到印加人藏宝的秘密。重刑之下，贵族供出了黄金的秘密：印加帝国的黄金是从亚马孙森林中的一个印第安酋长帕蒂蒂统治的玛诺阿国运来的，那里金银财宝堆积如山，不计其数，这个地方除了国王和巫师，谁都说不清楚在哪里。

西班牙人得到口供，如获至宝，立即组成探宝队，奔赴那个玛诺阿国去寻找那迷人的黄金城。

茂密葱郁的亚马孙原始森林十分辽阔，面积 280 万平方公里，在这遮天蔽日、阴森湿热的森林中，有巨毒致命的毒蛇、毒蜘蛛、各种毒虫、巨毒植物，有凶猛的野兽，还有食人的部落。这里还有可怕的热带病。亚马孙森林湖泊沼泽星罗棋布，道路泥泞，荆棘丛生，行走艰难。这片充满危险，随时可遭死神扼杀的原始森林，因迷人的黄金

而招来了一批批西班牙人。皮萨罗曾几次派人去寻找，都没有找到这个黄金城。一支支探险队或损失惨重，狼狈逃回，或有去无回，下落不明。西班牙入侵者只能遥望这神秘的亚马孙密林而叹息不止，找到这黄金城的美妙理想始终未能实现。

几个世纪以来，除西班牙人外，还有葡萄牙人、英国人、美国人、荷兰人和德国人来过亚马孙森林找宝。据说，密林探宝队大大小小总计有三百多个，然而，绝大多数人是一无所得，他们或死里逃生，或葬身密林。尽管这个密林如此可怕，但是，黄金的魅力却诱惑着人们不断冒险。1925 年，一个不怕死的名叫福赛特的军官带着两个人，骑骡子来到亚马孙密林寻找黄金城，但也遭到同样的结果。

据说，黄金城探宝也曾获得一些线索。一次是 1541 年皮萨罗派出他的同父异母兄弟，基多的都督贡萨洛带领 220 名西班牙人和 4000 名印第安人到这个森林探找黄金城。贡萨洛因中途给养不足，返回基多。他宣称在康迪那玛尔加平原找到了黄金城，并带回了不少翡翠宝石。这次探宝死去 4000 多人，幸存的只有几名西班牙人。贡萨洛的宣称，实在令人难以相信。

还有一次是 17 世纪，有六个葡萄牙人带领一群当地人进入亚马孙森林。在林中他们辗转数年，历尽艰难危险，发现了一座古城遗址，幸存的几个人把这次探险的经过写成了报告，至今，这个报告还保存在巴西里约热内卢图书馆里。

几个世纪来，经过人们多次探索，据说黄金城的位置被确定在安第斯山脉的利

亚马孙原始森林

安加纳蒂山中。

　　20 世纪 80 年代，由加拿大人和西班牙人组成的探险队，对利安加纳蒂山进行了大量考察，得到了秘密手稿、图表、历史记载等不少资料，并进行实地调查来证实已得的资料，然后再进行周密探宝。世人翘首企足，期待着黄金城谜底的揭晓。

安第斯山脉

从玛雅人"圣井"里捞出的珍宝

> 古老的文明总会有太多惊喜，而财富永远是最让人兴奋的。玛雅人不仅留下了文明，还有财宝。

在拉丁美洲墨西哥的东部，有一块突出伸向海里的大半岛，这就是尤卡坦半岛，其中一部分是墨西哥的领土。除海岸线一带，其他地方没有任何人居住，多少年来荒芜着，可是在五百年前，拥有很高文明的玛雅民族却曾经是这里的主人。

公元4世纪前后，玛雅族（包括现在的南墨西哥、危地马拉、伯利兹）已经拥有了卓越的文化，可以与秘鲁为中心发展起来的古代印加文化相媲美。

玛雅族究竟从哪里迁移来的至今不清楚。只知道玛雅族当时是一个以种植玉米为主的农业民族。据说公元6世纪前后，玛雅族就已经在危地马拉、伯利兹、墨西哥等地从事农业耕种了。后来，玛雅人迁居到尤卡坦半岛，农田的水源不是利用河流，而是依靠分散在各地的天然大水池，他们汲取天然水池的水用作灌溉农田和饮用，并且在天然水池附近建起了城市。

在这些城市当中，有一座叫奇钦－伊扎。奇钦－伊扎在玛雅语里是"水中之口的伊扎城"的意思。离这座城1.5公里远的地方。有两

失落的印加帝国遗址

个直径 60 米的天然大水池，当地居民用其中一个水池的水灌溉农田和饮用，把另一个水池奉为"圣井"，用来祭招雨神，雨神就住在那里。

为了表示对雨神的崇拜，玛雅族人民在"圣井"边，用大理石建造了一座宏伟高大的神庙。这座神庙呈金字形，底边长几十米，高 30 米，在神庙与"圣井"的顶部还用大理石盖了一座小庙，并且在神庙与雨神居住的"圣井"之间，还铺设了一条宽 4.5 米，长 400 米的石墙。神庙两侧的边墙下端各雕刻一幅带羽毛的蛇神——"库库尔坎"的神像。

据传说，玛雅族有这样一种风俗，每逢遇到干旱，庄稼枯萎时，就认为雨神发怒了，为了安抚雨神，要送一名十四岁的美丽少女投入"圣井"里，去做雨神的新娘。玛雅人认为，投入"圣井"的牺牲品虽然永远看不到了，但她并没有死，而是在和雨神共享安乐。

每逢祭雨神的那一天，全国人民都不干活，从各处赶来，聚集到奇钦一伊扎，为美丽的"新娘子"送行，那位从全国选出来的美丽少女，早已穿上了华丽的服装，静静地等候在金字形的神庙里，准备去做雨神的"新娘子"。站在他身旁的是一位从全国选出来的青年勇士。他身着华丽的铠甲，手执金黄色的大刀，头戴插有羽毛的战盔，时刻准备护送弱小的"新娘子"去雨神的宫殿。

不一会儿，东方发白了。祭神的队伍伴随着海螺号声，跟在祭司的后面，从金字形神庙向"圣水"走去。走完四米长的石路，就来到"圣井"旁边的祭坛。当晨曦撒落在树梢时，祭司开始向雨神祈祷。

"新娘子"伴随着"咚咚"的鼓声，从花轿里走出来。六个祭司一边唱着祭歌，一边抓起新娘的手脚左右摇摆起来。

鼓声越来越响，频率也越来越高，"新娘子"被左右摇摆起来的弧度也越来越大。当鼓声、笛声和歌声达到高潮时，六个祭司同时松了双手，"新娘子"翻转着被高高地抛到空中，然后一头扎入了黑洞洞的"圣井"里，与此同时，"新娘子"的卫士也跳入井中，接着人们向"圣井"里投掷各种各样的宝物。

有一个牧师，在他所著的《尤卡坦半岛记事》一书中这样写道："如果说这个国家有黄金和财宝，不言而喻，都埋藏在这口'圣井'里。"

16世纪中叶，尤卡坦半岛被西班牙人科尔特斯率领的军队所占领，玛雅帝国也就随之灭亡，从那以后，再也没有人搞祭神活动了。"圣井"附近也逐渐萧条起来，最后完

玛雅神庙

美洲宝藏

全被荒野丛林所淹没。

后来有一个人，相信了那位牧师的话，确信"圣井"里一定有无数的金银财宝，并且准备对"圣井"进行探险。这个人就是从1885年开始，连续二十五年任美国驻尤坦卡半岛的领事爱德华·汤普逊。

玛雅圣井

他对玛雅遗迹的研究有着四十年的历史。

他从朋友那里借了一大笔钱，买了一台掘泥机，还学会了潜水术，就这样挖掘起"圣井"来了。最初几天，挖掘出来的都是污泥，后来终于发现了金盘子和玉器，最后挖掘出许多青年男女的骨骸。这就是那些"新娘子"和勇士们的尸骨。

汤普逊把"圣井"里的污泥挖干净以后，穿上潜水衣潜入井底。他发了横财，把挖掘出来的东西收集到一起，足足装了十几筐。其中有5个黄金制成的金钵和金杯、40个平底盘、20个金戒指、100个金铃铛，还有几桶金器。除了这300多件金制品以外，相继挖掘出来的财宝，价值几千万美元。

汤普逊发现的远不止是"圣井"中的宝物。有一天，汤普逊在打扫金字形神庙上的小庙时，发现铺设在地板正中间的一块大石板非常特别。他把石板撬开，下面露出方方正正的竖洞。竖洞的地板上盘着一条4米多长的大蛇。

这可把汤普逊吓坏了，洞里怎么会钻进这么长的一条大蛇呢？可能是谁有意放进来的。汤普逊用随身带来的猎枪打死了大蛇，然后把死蛇搬开。这时他又发现，在地板上还有两具被大蛇拦腰咬断的人的骨骸。

他把死人的骨骸清除掉，发现骨骸下面的地板中间还铺着一块大石板。他把石板撬开，下面又是一个竖洞。他就这样一连撬开了五块石板，当他撬开第五块石板时，下面露出一条凿在岩石上的阶梯，这条阶梯一直通向一间人工凿出来的石头房子，到此已是金字塔神庙的最底层了。

阶梯和房子里到处都是木炭，汤普逊费了半天的时间才消除干净。这时他发现在地板上盖着一块非常大的石板，他凭借着全身的力气好不容易才把石板挪开，结果下面又露出一个大约15米深的竖洞。竖洞的地板上有无数用玉石和宝石雕刻的花瓶，用珍珠制成的项链和腕链。

1903年，汤普逊把在玛雅人神庙和"圣井"里发掘出来的宝藏公之于世，将伟大的玛雅文明中愚昧和黑暗的一面作了尽情地揭露。然而，玛雅人的神庙为什么要藏金纳宝始终是一个未解之谜。1967～1968年，墨西哥考察队又从"圣井"中捞出一些人工制品珍宝，现收藏于墨西哥各地的博物馆里。

美洲宝藏

淹没在佛罗里达海的珍宝

> 又一个大西洋底的故事，所有的寻宝者都是远涉重洋，但只是少数人把他们的财宝带回了家。

在佛罗里达州大西洋岸边有一些奇怪的景象．每次风暴之后的第一个早晨，就可以看见许多探宝者在沙滩上仔细搜寻，希望发现一些东西。而这些东西大多来自于近岸暗礁及浅滩上冲上来的西班牙沉船残骸。

据统计，在佛罗里达州海岸，约有1200～2000艘沉船。其中有许多艘，时代可以追溯到西班牙运宝舰队横行大西洋，到达南美洲的时候。

从16世纪中叶到18世纪期间，船队都在哈瓦那集中，穿越佛罗里达海峡，顺墨西哥湾北向行驶，过了加罗纳时，趁着西风离开美洲驶回欧洲。

1715年5月，两支小舰队由乌比雅将

美国佛罗里达州的大西洋海岸

军和艾维兹将军指挥，在哈瓦那会合。

在全盛时期，西班牙海军曾集合一百般舰船，每年横渡一次大西洋，一直持续到 18 世纪。当时英、荷正同法国竞争，其辉煌灿烂的全盛时期也成了明日黄花，好景不再。

1715 年集合在哈瓦那的联合舰队，数目不过十一艘，少得可怜。而且船只本身质量欠佳，几乎没有一艘可以胜任远航。乌比雅将军所率领的五艘战舰中最好的一艘，是原来曾作英国军舰的"汉普顿宫"号，被法军缴获，借花献佛，转赠西班牙的。

但这些船只却都载有珍宝。其中还有一批由中国工匠制作的，越过太平洋运到美洲，再由骡子运到墨西哥的彩瓷制品。这些物件都有不可低估的艺术价值。

在哈瓦那装船后，十一艘船只顿露险象。它们全部都吃水过深，船缝使劲往内漏水。7 月 27 日启航，其实已近飓风季节，每只船随时都可能沉于海底。但舰队依然向巴哈马群岛以北驶去。最初几天，天气晴朗，阳光明媚，一派温馨和谐的景象。过了几天，天气陡然转阴，视线模糊。入夜后，强风劲吹，海面巨浪滔天，船若浮萍，随风摇动。乘客及货物在船舱内滚来滚去。翌晨，天空依然一片明澄，酷热难忍，天空突然涌出一片紫云——风暴来了！

舰队好容易驶入佛罗里达海峡，不料风势更加大增。舰队驶在佛罗里达平坦海岸险峻珊瑚暗礁与危险的巴哈马群岛浅滩之间，左惊右险，船只的命运只在须臾之间。

离开哈瓦那这一段航程，飓风猛吹，舰身沉重，头大尾小，各舰在风浪中已是难于驾驭，迅即被吹向佛罗里达海峡时，桅杆折断，甲板上全是碎木板和湿透的绳索。

万幸没有被冲下海去的人都跪在甲板上向上天祷告。乌比雅的旗舰首先触礁，其他舰只也跟着触了礁。十艘战舰沉没，只有"葛里芬"号幸免，因为它的舰长不遵从命令，继续向东北航行，因此逃过暴风。

丧生者 1000 余人，损失金银及其他货物约值 2000 万美元。有些运气好的生还者被冲上海岸，带着少量漂流出来的财宝走向内陆，下落不明。还有人坐木筏漂流，到达佛罗里达西岸圣奥古斯丁。

位于大西洋上的巴哈马群岛

西班牙人立即从哈瓦那及圣奥击斯丁派出八艘船只，从事大规模打捞工作。他们在卡纳维拉岬设了一个营地，并建立了三个仓库收藏找回的财宝。潜水员们带着重石头加速潜下水底，把几百万枚西班牙银币打捞上来。

海难消息传抵英国海盗盘踞的牙买加。海盗中有一名绰号黑胡子的提池船长和另一名简宁斯船长袭击了西班牙营地，仅简宁斯一人便劫走几千枚西班牙银币。尽管如此，西班牙人于1719年返回哈瓦那时，带回的财宝还只是原数的三分之一。其余的就在海底埋藏了近三百年无人过问。随后，这些沉船残骸成为佛罗里达州寻宝工作中历时最久而收获最丰富的一个寻宝地点。

直到现在，还有人在寻宝。佛罗里达州一位业余寻宝人华格纳因此而享名于世。华格纳于1949年迁到佛罗里达州沿岸，听到朋友在海滩上找到钱币的故事后，对西班牙沉没的舰只大感兴趣，他用15块钱从陆军剩余物资中买到一架地雷测探器，在卡纳维拉东南约25里的塞巴斯丹与瓦巴索之间的海滩上，找到1715～1949年间铸造的大量钱币。从钱币发现的地点，他有了关于沉船地点的一套理论。钱币集中在沿岸不同地点的小水道里，他猜想在每个地点都有一条沉船。

华格纳和一位同事凯尔索在美国各图书馆及研究机构广泛研究，凯尔索在国会图书馆的珍本书收藏室找到一本重要书籍《东西佛罗里达自然历史简介》，1775年出版，它描述1715年西班牙舰队船只遇难情形，并提及"沉船里可能还有很多西班牙壹圆及两圆银币有时被潮汐冲上岸"。

他们两人与塞维尔的西班牙海军史迹馆馆长取得联络，馆长供应他们 3000 张古代文件缩微胶卷。经过研究翻译后获知 1715 年海难及打捞工作的全部经过，以及许多残骸的大略位置。

卫星拍摄的西班牙沉船

看起来华格纳好像已经找到了有关西班牙沉船的线索，但是要打捞宝藏还需要许多年的工作。佛罗里达沿岸气候不佳，每年仅有几个月能进行打捞，因而使这项工作更加困难。

华格纳首先在卡纳维拉搜查当年西班牙打捞队营地及仓库，用地雷测探器在海滩后面的高地经过多日细心搜寻后，探得一艘舰上的大铁钉和一枚炮弹。他在现场挖掘并把一块半英里大的遗址绘入地图。随后更多的炮弹、中国陶器碎片和一枚镶有七颗钻石的金戒指陆续出土。

从记录中华格纳晓得在高地遗址对面有一艘沉舰。他花了许多天时间，戴上自制面罩浮在一个汽车内胎上，向污泥和海草里仔细踩探，最后发现一堆炮弹。潜水下去又发现一个大铁锚，终于找到第一艘沉舰。现在他已知道这些古物从上面看是个什么样子，于是立即租了一架专机，从空中逐一细看暗礁及浅滩，寻找其他沉船。他的空中搜寻工作很成功，把许多艘沉船的地点都绘入地图里。

1959 年，华格纳召集几位精于潜水的友人，成立一个"八瑞公司"，当时西班牙 1 个比索等于 8 个瑞尔，比索是大银币，瑞尔是小银币。他们向佛罗里达州申请取得享有寻获物 75％的权利。他们利用一艘旧汽艇和一部自制捞泥机，奋力工作了六个月，但毫无所得。

美洲宝藏

111

他们的热情顿失，公司也快要破产了，但最后有一位潜水员浮上水面紧握着六根楔形银块。其他人都大喜过望，潜入水去，看看究竟能够在海底找到些什么宝物。

以后的几个礼拜内又找到十五枚楔形银块，然后华格纳决定拉人到另一沉船地点。从那时起．他的寻宝美梦，终于成为事实。

在第二艘沉船工作的第一天，发现一批数量惊人的银币，统计价值 11 万美元。随后在暴风后的一天，华格纳带着侄儿到海滩仔细探查。

在西班牙沉船上发现的硬币

当华格纳拾捡钱币时，他的侄儿找到一条金链，长 11 尺半。此链共有 2167 枚金环扣在一起。一条做工精致的金龙缀在金链上，龙嘴张着，是一个可吹响的哨子，龙背上用裙合铰装着一支金牙签，龙尾可以作耳挖。这件宝物后来鉴定是属于当年乌比雅将军本人所有，售得 5 万美元。

发掘工作继续数年，公司组织扩大。海底寻宝最惊人的一次发现，或许是他们捞到几近完整无损的三十件中国瓷器。西班牙人用特制的"白墩子"瓷土包装这些精致的碗、杯，以防破碎。

1965 年 5 月 31 日，他们使用自己发明的一种机器，从船的推进器向下方喷射强大水流，能把海底的一层泥沙吹去，又不致吹动他们相信沉在海底的珍贵财宝。当海水澄清后，华格纳和他的同事望向海底，目力所及，遍地都是金币，顿时看得目瞪口呆。1967 年华格纳把财宝拍卖，获得 100 余万美元。

打捞巴哈巴黄金船上的财宝

当一些人为财宝失去了生命，而另外一些人却能打捞他们丢下的财宝。

世界上比较早发现海底财宝的最幸运的人是美国的威利阿姆·费布斯。他 1651 年生于缅因州的乡村，没有受过正规的教育，虽当过造船工人，但也干过海盗及贩卖奴隶的勾当。他想把自学得到的知识有效地用于海底探查。他先制造了一艘小船，自任船长，并做了几次出海航行。在一次去西印度群岛的航行中，他无意中听说在这一带海域曾沉没过装有很多货物的西班牙船只。关于这些沉船并未留有确切的记录，但根据传闻，在 17 世纪中叶，装载有从印加掠夺的财宝的西班牙平底木帆船在此沉没。他决心探查这些"巴哈马附近的黄金船"上的财宝。

他为寻求支持者来到英国，荣幸的获准拜见国王查尔斯二世，并被允许租借海军的"洛兹"号护卫舰作为探查的工作母船。1683 年，他指挥"洛兹"号在古巴岛北部巴哈马群岛海域对沉船进行调查，由于未发现沉船而决定返回英国，以图东山再起。虽然这次没有得到英国皇家方面的支援，但找到了另外几位赞助者，并设法搞到两艘 200 吨的船，配备了特别潜水设备，重新组成了探查队。这时，他从乘船由西印度群岛来的旅客那里了解到，自 1642 年就杳无音讯的西班牙船队中最大的船沉没在伊斯帕纽拉岛海域，于是，探查船重返巴哈马海域。他让潜水工人们仔细地调查了目的地海底的礁石和裂缝，结果在 1687 年发现了一只覆盖在珊瑚下面的黑色船体。

这一船体倾斜的甲板有十几米长，深度已到了当时潜水作业的极限。这时，仍然使用的水面供氧式潜水设备，长长的呼吸管极大地妨碍了潜水员的自由，即使确认了财宝位置，其打捞作业也是十分困难的。为此，在深处利用了潜水球等设备，

沉睡海底的黄金船队

使作业能够继续下来，并且在几星期以后成功地打捞上来了金条银条。他们用船装载着 27 吨财宝得意扬扬地返回伦敦。费布斯成功的消息在欧美广为流传，他不仅刺激了海洋探险热和冒险精神，同时，使搜寻海底宝物以发财的愿望形成一股不断高涨的风潮。在伦敦，沉船打捞公司为扩大企业的影响，曾经在泰晤士河由潜水员向市民们展示其技术。

打捞上来的财宝除分给赞助者、船员、潜水员之外，由于当时习惯上将发现的十分之一财宝归皇室所有，因而首先拿出 3 万英镑奉献给英国国王，费布斯因此被授予爵士称号。当时，这位无名的海洋冒险家的成果获得多么高的荣誉，从这一件事情就可了解了。他带着分到的 16000 英镑返回美国，于 1692 年被任命为首任马萨诸塞州的州长，后来移居伦敦，于 1695 年四十四岁时死去。费布斯打捞财宝的过程写在《恶魔及其海底密话》一书中，书中对这艘船是否是西班牙船提出了疑问，并指出这一打捞只不过是一种伪装了的海盗行为。

探索宝藏未解之谜

海盗威廉·基特藏宝之洞

这个故事让我们相信一个人做过强盗却想混到上流社会是多么不明智的行为。但处死他可能是更不理智的行为。

17世纪末，海盗四起，许多商船在海上被抢。英国一个著名的海军将领威廉·基特，接到英国女王的一个命令，让他率领舰队前往印度洋去保护英国的商船队免遭海盗袭击。这位身经百战的基特，根本不把海盗放在眼里，他只带上两艘快艇在海上游弋。不料，他突然受到海盗船的猛烈攻击，在全军覆没的情况下，基特怕回去后被女王杀掉，便独自一人跳海逃生去了。

不到两年，基特凭借自己的胆略和经验，很快也成为一个杀人放火掠物的大海盗。五年之后，他聚敛了无数金银财宝，并把它们藏在太平洋上一个无人注意的小岛上的山洞之中。这时，他已五十五岁，决心与海盗生涯告别，便来到美国，与一个波士顿的寡妇结了婚，并在纽约定居，成为该市唯一可以在银行无限制取钱的存户。

他出资修建的舞厅是纽约城最典雅华丽的交际场合，当时，谁能收到他和夫人的一张舞会请柬，就标志着一个人在社交界的极大成功。

谁知，好景不长。不到两年，驻纽约的英国总督逮捕了他。因为他的海盗行径被发现了，并将其送交伦敦法庭审判。

1701年5月4日，一辆黑色囚车驶到伦敦中心广场的刑台前。里面走出伯爵和两名刽子手。伯爵的胸前挂着一块牌子，上面写着"海盗基特"。执行官向他宣读了死刑判决书。然后，执行官又给他一个最后的机会。只要基特供出藏宝之地，便可宽恕他一死。基特摇摇头不答应。执行官一挥手，刽子手将绞索套进了他的头颅。

基特死了。但是，探索他所藏珍宝的尝试几百年来一直没有中断过，各种各样的关于基特的材料层出不穷。

1971 年 8 月在某海沿岸水下摄影时曾发现类似山洞的地方，里面发现了一些箱子之类的东西，但在爆破山洞时，由于爆破力太大而毁坏了修建的排水系统，以致海水倒灌而淹没了山洞。

1867 年，加拿大工程师马凯尔的探险队在基特曾工作过的地方，借助火炬的亮光，发现了一些手提箱，可能是基特遗物。1930 年，伦敦的古董商赫加金尔特，在一个古旧的海员皮箱中找到一张藏在双层底中的海图，海图上有基特的姓名缩写 K·T。但是，无论是岛的名称，还是它的坐标都没有在图上标出。

1795 年 10 月，三位少年登上离加拿大仅三英里处的橡树岛旅游，

在大西洋寻找宝藏的小艇

辽阔的大西洋

他们发现朝海一面的大片红橡树林中突然出现空旷地，地中间独立着一颗古橡树，树枝上似乎挂过一个古船的吊滑车，正下方有一个浅坑，根据迹象判断，这里可能埋有海盗基特的宝藏。那么，基特的宝藏是否就是埋在此地呢！三位少年开始挖掘，发现那坑像个枯井，每隔10英尺就碰到一块橡木板，但最终毫无结果。

1803年，又一群人继续挖掘，当挖到90英尺深时，他们发现了一块刻有神秘符号的石板，经专家破译，意思是：在此下面40英尺埋藏了2000万英镑。人们欣喜若狂，他们一边抽水一边挖掘，在一天晚上，他们用标杆探底时，在98英尺深处触到类似箱子的硬物，当即大伙谈起了宝藏的分配。可是第二天，人们惊讶地发现，坑内积水已达60英尺深，于是希望成为泡影。之后，仍不死心的掘宝者又陆续进行过十五次挖掘，耗资300万美元。

在1850年，人们又有个奇怪的发现，退潮时，"钱坑"东面500

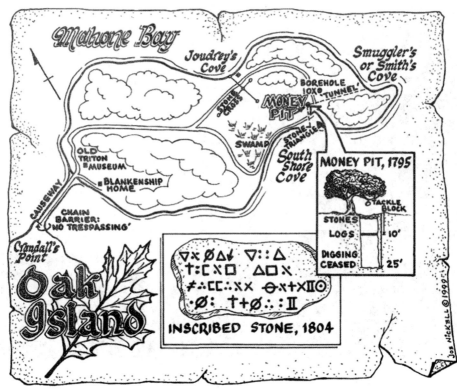

位于加拿大的橡树岛图纸

英尺处海滩上不断冒出水，犹如吸满水的海绵不断受挤压一样，同时又发现了一套精巧复杂的通向"钱坑"的引水系统，它们使"钱坑"变成一个蓄水坑。于是人们做出一个推论：海盗将钱坑挖得很深，然后从深处倒过来挖出斜向地面的侧井，宝藏可能离"钱坑"几百英尺远而埋在斜井尽头，离地面不过30英尺深，这使海盗们可以迷惑掘宝者而自己又能轻易挖出宝藏。1897年人们又在155英尺深处挖出一件羊皮纸卷，上用鹅毛笔写着两封信，有的人还挖出了铁板，这些发现更使人相信：海盗们在这里埋了一笔巨大财富。20世纪时人们估计有1000万美元，在60年代，便传说有1亿多美元了。在挖掘"钱坑"时，曾有一个传说：必须死掉七个人才能揭开其秘密，到目前，已有六人在企图到达坑底的途中丧生。这更为"钱坑"增加了神秘色彩。

直到上个世纪 80 年代，拥有声呐、红外线电视、金属探索仪以及其他各种最现代化仪器的美国特立通股份公司，声称发现大西洋中一个名叫"奥伊克·阿连德"的小岛，就是基特藏匿珍宝的宝岛。

特立通股份公司计划花费 200 万美元，在岛上搞探宝工程。董事长戴维德充满信心地说："我们一定能揭开这个近三百年来最激动人心的秘密。估计利润将达5000 万美元。"

▌刻有人像的石头

但到目前为止，特立通股份公司探宝还没有结果。一旦能发现基特的珍宝，相信一定会轰动全世界。因为基特所掠夺的珍宝中有一些是历史上著名的文物，是真正的无价之宝。

美洲宝藏

119

远古隧道里的神秘宝藏

> 一个向我们揭示史前文明的宝藏，俗人只对里面的黄金感兴趣，而真正有价值的都是那些难解的壁画与模型。

1969 年 7 月 21 日，一个名叫莫里斯的阿根廷人，将一份上面有着许多见证人、并且已获得厄瓜多尔共和国承认的合法地契公诸社会，立刻引起轰动。因为这份地契讲述了一个令世人难以置信的故事。

地契中最主要的部分说，莫里斯在厄瓜多尔共和国境内摩洛拿圣地亚哥省内的大隧道里发现了一些对人类有着极大文化与历史价值的文物。这些文物主要包括了各种不同形状和颜色，且刻有各种标志和文字的石器和金属牌匾。这些牌匾可能包含了人类历史的一个片段，同时又是人类起源的一个证据，或者是某一种消失的文化的线索。莫里斯请求厄瓜多尔总统成立一个科学委员会来核定、评价这些文物的价值，并愿指出大隧道的准确位置和入口。

作为一名学者，五十岁的莫里斯 1965 年来到厄瓜多尔，本来准备深入研究一下当地的各种部族以及人种学等。然而，他在 6 月的一次调查研究中，却因为意外地发现了这来历不明的大隧道而名噪一时。

1972 年 3 月 4 日，由厄瓜多尔考古学家法兰士和马狄组成的科学调查小组，在莫里斯的带领下，再次对大隧道展开调查。隧道入口由一块大岩石凿通而成，几只夜鸟忽然飞出洞口，越发阴森恐怖。此地是一支骁勇善斗的印第安人部落聚居区。隧道在厄瓜多尔和秘鲁的地底延绵好几百公里。调查队员钻进了神秘莫测的地下世界。进洞后是一段狭长的通道，伸手不见五指，他们开亮电筒和头盔上的射灯。接

神秘的隧道

着便垂直往下，他们把一条绳子垂到下面75米的第一个平台上，然后沿绳而下。

接着，他们又沿绳垂直下到第二平台和第三平台，每台高度都达75米。下到洞底，莫里斯领头摸索前进。法兰士注意到隧道的转角处都呈直角形的严谨设计，有些很窄，有些又很宽，所有洞壁都很光滑，洞底非常平坦，很多地方像涂了一种发光颜料。很显然，这隧道并非天然形成的。

法兰士和马狄维原先对隧道是否存在持有怀疑，这时疑虑顿时烟消云散。他们来到一个大厅的入口。那大厅很宽敞，大如一个大机场库，很像配给中心或仓库，并有许多通道。

法兰士试图用罗盘测量这些通道的方向，但罗盘指针不会动。

"这里有辐射，所以罗盘失灵。"莫里斯解释说。在其中一条通道的入口处，有一副骸骨精心摆放在地上，上面洒满金粉，在调查队员的灯光照射下闪闪发光。

莫里斯和法兰士以及马狄维发现了很多意外的东西。洞里出奇的静，只有脚步声、呼吸声以及雀鸟飞过的声音。他们目瞪口呆地站在一个巨大厅堂的中央。

这个大厅的面积约为140米×150米。大厅中央有一张桌子，桌子

美洲宝藏

121

的右边放有七把椅子。椅子既不像用石头、木材做的，也不像用金属做的，它摸上去好像是一种塑胶，但却坚硬和沉重得像钢。在七把椅子后面毫无规律地摆放着许多动物模型，有蜥蜴、象、狮子、鳄鱼、豹、猴子、美国野牛、狼、蜗牛和螃蟹。最令人惊异的是这些动物都是用纯金做成的。在桌子的左边便摆放着莫里斯的地契所提及的金属牌匾及金属箔。金属箔仅几毫米厚，6厘米高，18厘米宽。

法兰士经过仔细检查仍无法知道这些牌匾在制造时使用过什么原料。因为那些金属箔看起来很薄和脆弱，但竖起来却不弯曲。它们像一本对开本的书籍那样摆放着，一页连着一页。每块金属箔上都井井有条地排满像用机械压上去的文字。

法兰士估计金属箔至少有两三千块，在这些金属牌匾上的字体无人知晓。他认为这间金属图书馆的创立者肯定想把一些重要的资料，留传给遥远的未来。因为这个金属图书馆的制作者想让它永垂不朽。

莫里斯在大厅找到一个石刻，高11.43厘米，宽6.35厘米，正面刻着一个身躯为六角形，头为圆形的人，右手握着一个半月，左手则拿着太阳。令人惊奇的是双脚站在一个地球仪上。这石刻是在公元前9000至前4000年做成，这说明那时的先民便知地球是圆形的。

法兰士认为这个隧道系统在旧石器时代已经存在。他拿起一块刻着一类动物的石刻，它有29.21厘米高，50.32厘米宽。画面上所表现的动物有着庞大的身躯，正用它粗大的后腿在地上爬行。法兰士认为石刻画的是一条恐龙。法兰士不敢再想象下去：难道有人曾经见过恐龙？！

还有一块神秘石刻，刻画的是一具男人骨骼。法兰士仔细数了一下感到很吃惊，这石刻人的肋骨数竟为十二对，是如此的准确。莫里斯又让法兰士看了一座庙宇的模型，上面绘有几个黑脸孔的人像，头戴帽子，手持一种枪形的东西。在庙宇的圆顶上，还绘有一些人像在空中翱翔或飘浮着。令法兰士惊异的是这个庙宇的模型，可能是圆顶建筑最古老的样本。此外，一些穿太空服的人像，更是让法兰士感到不可思议。

　　一个有着球状般鼻子石刻人跪在一根石柱下，他头戴一顶遮耳头盔，极像现在我们用的听筒；一对直径 5 厘米的耳环则贴在头盔前面；耳环上钻有十五个小洞；一条链子围住他的脖子，链子上有个圆形牌子，上面也有许多小孔，很像我们现在的电话键盘。这个隧道和它里面收藏着的稀世奇珍，可以说是见所未见。那些 1.8 米高的石像有的有三个脑袋，有的却是七个头颅；三角形的牌匾上刻写着不为人知的文字；一些骰子的六个面上刻着一些几何图形……

　　没有人知道，这个隧道系统是谁建造的，也没人知道这些稀世奇珍是谁遗留下来的。据莫里斯讲，这个隧道的入口由一个野蛮的印第安部落守卫着，这些印第安人和他们的三位酋长都把莫里斯当成可靠朋友。每年 3 月 21 日，酋长都要下到隧道的第一个平台，进行祈祷。酋长的面颊两边都要贴上一个和隧道岩石上的记号一样象征吉祥的装饰物。但酋长以外的人却不会进入隧道。他们认为隧道里住着鬼魂。

　　在这曲折迷离的隧道中行走，法兰士莫名其妙地担心会触动隧道里的机关，使隧道自动关闭。带着巨大疑问，调查队沿原路退出洞穴，又赶往位于厄瓜多尔古安加的玛利亚教堂，因为基利斯贝神父收藏着许多来自隧道的珍宝。

　　基利斯贝神父在古安加住了四十五年，在过去二十年里，他从印第安人那里收集到大量石刻、金银制品等。神父带调查队参观了他的收藏室。第一号房间收藏石刻，第二号房间是金、铜和其他金属艺术品，据说是印加帝国的，第三号房间则全是纯金制品。

　　法兰士注意到一块金板，高 52 厘米，宽 13 厘米，厚 1.3 厘米，上面有 56 个方格，每一格都刻有一个不同的人像。法兰士在隧道的金属图书馆里的那块金箔上，曾见过一模一样的人像。看来制造者似乎要用这 56 个符号或字母组成一篇文章。

　　尤其令人吃惊的是一个纯金制成的女人像。她高 30 厘米，头像两个三角形，背后焊接着一对细小的翅膀，一条螺旋形金线从她耳朵里

美洲宝藏

伸出来。她有着健康、发育完美的胸部，两脚跨立，但无两条手臂，穿着一条长裤，一个球形物浮立在她的头顶上面。法兰士感到她两边的星星透露出她来自何处。那是一颗陨落了的星球吗？她就是从那颗星球来的吗？

接着，马狄维又看到一只直径21.25厘米的铜饼，上面图案清晰，刻着两条栩栩如生的精虫，两个笑着的太阳，一个愁眉苦脸的半月，一颗巨大的星星和两张男性三角形脸孔。铜饼中央有许多细小而突出的圆状物，其含义没人能理解。

基利斯贝神父收藏的大量金属箔，上面均刻有星星、月亮、太阳和蛇。其中一块金箔的中央刻有一个金字塔，两边各刻有一条蛇，上面有两个太阳，下面是两个太空人似的怪物及两头像羊的动物，金字塔里面是许多带点圆圈。

在另一块刻有金字塔的金属箔上，两只美洲豹分别趴在金字塔两边，金字塔底刻着文字，两边可以见到两头大象。据说大象在1.2万年前即在南美出现。

最让法兰士震惊的是，他在基利斯贝神父这里见到了第三架史前黄金模型飞机。第一架他是在哥伦比亚的保华达博物馆见到的，第二架则仍放在大隧道里。多年来，一些考古学家把模型飞机看成是宗教上的装饰品。

纽约航空机械学院的阿瑟·普斯里博士经验试认为，把这架模型飞机看成代表一条鱼或一只鸟显然站不住脚。从模型几何形的翅膀、流线型的机头及有防风玻璃的驾驶舱看，很像美国的 B_{52} 战略轰炸机，它确是一架飞机的模型。

难道史前便有人能够构想出一架飞机的模型？一切都无定论，一切都是谜团。至今为止，人们仍无法确定或找出这个隧道系统究竟是谁建造的。而在隧道里面，又存放着那么多无从稽考的壁画、牌匾、黄金制品和雕刻品，这一切意味着什么呢？

可可岛上的宝藏

在距哥斯达黎加西南海岸 300 英里的东太平洋上，有一个方圆 30 平方公里的岛屿。岛的四周暗礁林立，东部有 60～180 米高的悬崖峭壁，形成天然屏障，只有两个小湾可容纳小船登陆。这个地形险恶、远离航道的荒岛却藏有许许多多的珍宝，这便是闻名世界的宝岛可可岛。

18 1821 年前，利马是南美洲西班牙殖民者的活动中心，殖民者将掠夺的金条银砖、财宝、玉器纷纷集中到利马，准备装船运宝回国。秘鲁民族英雄圣·马丁率义军进攻利马，西班牙人仓皇携宝搭乘了苏格兰船长汤普森驾驶的"玛利迪"号双桅船，向西班牙的加的斯港口开去。船长汤普森财迷心窍，遂生邪念，成了图财害命的海盗。他把船开到可可岛，并将宝物全部搬运上岸，埋于可可岛。后来，参与行窃的船员被俘后全部被绞死，唯有汤普森用重金行贿，得以幸存。1844 年在他临终前，将藏宝秘密透露给好友基廷，并留下了藏宝图。

图中暗示：夕阳西照下有一陡峰会映出一只鹰影，财宝即藏于鹰影与夕阳中间的一个有十字架标志的洞穴中。基廷按图中所示，先后探宝三次，共取出价值五亿多法郎的财宝，但汤普森所藏的大量财宝仍未找到。基廷在第四次去可可岛的途中不明不白地死去。基廷生前曾将此秘密告诉了他的好友尼科拉·菲茨杰拉德海军下士。现澳大利

位于太平洋上的可可岛

亚"海员和旅游者俱乐部"还收藏有菲茨杰拉德生前留下的一封暗示藏宝位置的密信。有关汤普森藏宝的资料和秘密被一代一代地相传，使之增添了更多的神秘色彩。有不少探宝者按图中线索去可可岛探险，但都未能如愿以偿。至今汤普森将巨宝藏于何处还仍是一个未解之谜。

另外还有两个海盗将掠夺来的财宝藏在可可岛。其一是爱德华·戴维斯，他手下有千余人，其基地为可可岛，岛上藏有他掠夺来的全部金银财宝，晚年他在去可可岛途中失踪，藏宝地点成为不解之谜。

其二是贝尼托，他是 18 世纪初加勒比海海盗头目，因经常袭击英国船只被英舰追逼后改在太平洋一带活动。他将抢劫的运金船中价值1100 万美元的黄金藏在可可岛上，但后来因内讧被杀，这批黄金也成为下落不明的难解之谜。

可可岛上藏有寻宝者梦寐以求的大量金银财宝，许多探险者花费毕生精力多次去岛上探寻，仅 20 世纪以来就先后有五百余个探险队去岛上寻宝，但都无功而返。

1978 年，哥斯达黎加政府宣布可可岛为哥斯达黎加国家公园，以挖宝将破坏生态环境为由，禁止任何人到岛上探宝。

哥斯达黎加风光

沉入海底的 "黄金船队"

> 自从 15 世纪末哥伦布首次发现美洲之后，浩瀚的大西洋上从此便增添了一只只繁忙的船影。满怀着对新世界财富的渴求，西班牙、葡萄牙的冒险家们，往来不停地穿梭在新旧大陆之间。

17 世纪，欧洲人先进的枪炮，打破了美洲大陆千万年来的宁静，也毁灭了这片大陆上一个个辉煌、灿烂的古老文明。疯狂地屠杀与掠夺之后，殖民者们满载着血腥与财宝回航了。然而，丰厚巨额的财宝并不一定给他们带来了好结果，由于种种意外和内部纷争，许多船只中途便沉入了茫茫大海，仅给后人在探宝史上留下了一桩桩疑案。这里，我们要说的，便是其中之一——沉睡海底的 "黄金船队"。

1702 年的一天，一支庞大的船队悄悄离开了哈瓦那港，向西班牙领海火速进发。这支由十七艘大帆船组成的船队，满载的都是从南美洲掠夺来的金银珠宝。当时，作为近代史上第一个庞大帝国的西班牙，已是国力直趋衰退，代之而崛起的是荷兰、英国和法国。1700 年，哈布斯堡家族的最后一位君主卡洛斯二世在精神失常中死去，他没有给王室留下继承人。为了争夺西班牙王位，欧洲各国皇族竞相争斗。经过一番激烈的王位争夺战后，法国国王路易十四的孙子费利佩五世登上西班牙王位，揭开了波旁家族在西班牙的历史。但是，欧洲并未就此平静下来。以费利佩五世为一方，奥地利莱奥波尔多皇帝之子卡洛斯大公为另一方，展开了一场国际性的王位继承战。法国支持西班牙的费利佩五世，英国与荷兰则支持卡洛斯。一时间双方剑拔弩张，从1702年到1713年，双方在西班牙，在意大利，在佛兰德，甚至跨越大洋，在新征服的美洲，都展开了战斗。正是在这样的形势下，费利佩五世急命西班牙在南美的殖民机构，火速将掠夺的财宝运回西班牙，以解决其困窘的财政问题和军费开支。

　　这支"黄金船队"一路小心翼翼，历尽艰辛，终于在6月驶到了亚速尔群岛海域，这里离西班牙领海已不远。正当船员们计算着航程，心中暗暗欣喜的时候，突然间一支由一百五十艘战舰组成的英荷联合舰队出现在了海面上。喜悦的心情被恐惧和惊慌所代替，船员们顿时乱作一团。面对着如此强大的一支舰队，抵抗是毫无意义的。"黄金船队"总司令贝拉斯科当即下令全速将船开入大西洋沿岸的维哥湾，一面死守住港口，一面想方设法将珍宝从陆地运往首都马德里。然而，当时的西班牙却有一个奇怪的规定：凡是从南美运来的东西必须首先到塞维利亚市验

美洲宝藏

129

■ 大西洋中的亚速尔群岛

收。万般无奈，最后只好先把给国王和皇后的财宝从船上卸下来，改由陆路运往马德里（这部分财宝中途为强盗所劫，至今也仍无下落）。将维哥湾团团包围的英荷联军已获悉了这支船队就是西班牙运宝的黄金船队。在金银珠宝的诱惑下，士兵们人心激奋，个个奋勇争先。英荷联军由鲁克海军上将指挥，三千多门重炮轮番轰击，摧毁了维哥湾的西班牙炮台和障碍栅等防守工事，迅速强占着港湾。黄金船队总司令贝拉斯看着身边一名名倒下的士兵和呼啸而来的炮弹，终于彻底绝望了，他不得不下令将运载珍宝的船只全部烧毁，以免这批财宝落入敌人之手。火点起来了，西班牙士兵们默默注视着这些自己历经艰辛从南美运回来的奇珍异宝，在火海中慢慢消失，沉入深不可测的海水之中。

这一战下来，除仅存的几艘船为英、荷联军及时俘获外，绝大多数都葬身于海底了。从被俘虏的西班牙海军上将契克的口中，人们大体知道了这批财宝的总量。据契克估计，此次至少有 4000～5000 辆马车的金银珍宝沉入了海底。英国人当时也曾多次冒险潜入水下，希望能打捞起这些财宝，但由于潜水技术及打捞手段的落后，他们仅仅能捞上极少的一些战利品。

近三个世纪以来，一批又一批的寻宝者都在搜索着这笔丰厚的沉宝，黑暗的大西洋海底，冒险家们的身影接连不断。有的空耗了力气一无所获，也有的极幸运地捞起许多珍贵的绿宝石、紫水晶等珠宝翡翠。然而，这些也都是一些零星的收获，绝大部分的宝藏依旧静静躺在深深的海底。时光的流逝，使这批宝藏在风浪海流的作用下，不仅被蒙上了厚厚的泥沙，而且连位置也有了很大改变，使人难以确定。尽管现代化的潜水打捞技术不断提高，但这批宝藏依然仿如置身于一个迷局之中，让人们无从下手。变幻莫测的海底世界里，到底何处是这些财宝的藏身之地呢？何时这些财宝才能重见阳光，展示于世人面前呢？

欧洲宝藏

　　欧罗巴是一片让人神往的土地，在那里诞生了太多的近现代文明，这些文明直到现在还在影响着我们。美丽的建筑和绘画，还有这片古老土地上那无尽的传说更是让人思慕不已。太多的宝藏在这片大陆上神秘消失了。而人的血液里就有这种好奇的因子，所以太多的寻宝故事也就发生了。

丹漠洞遗址宝藏

爱尔兰的基尔肯尼郡是一个风光旖旎的地方，也是爱尔兰最重要的旅游城市之一，每年都有数十万计的游客来到基尔肯尼，他们必定参观的地方是丹漠洞遗址。丹漠洞被称为爱尔兰最黑暗的地方，因为这个洞穴记录了一次惨无人道的大屠杀。

公元928年，挪威海盗来到爱尔兰，对基尔肯尼附近一带进行洗劫。当时居住在丹漠洞附近的居民为了逃命，在海盗袭来的前几个小时集体躲到洞中。丹漠洞是一个巨大的溶洞，洞里地形复杂，有连串的小洞穴一一相连，避难的人认为这是绝佳的藏身之地。他们幻想海盗抢完能抢的东西后就会离开。然而丹漠洞的入口太过明显，海盗很快发现了洞中藏人的秘密，一场血腥的大屠杀开始了。海盗进入洞里，把所有发现的人都杀死，估计有1000多人，然后守在洞口半个月，没有当场被杀死的人后来都因感染而死或者饿死了。

之后将近1000年的时间里，丹漠洞成了爱尔兰的"地狱入口"，再没有一个人敢进入洞中。直到1940年，一群考古学家对丹漠洞进行考察，仅仅在一个小洞穴里就发现44具骸骨，多半是妇女和老人的，甚至还有未出世的胎儿的骨骼。骸骨证实了丹漠洞曾经的悲剧，1973年这里被定为爱尔兰国家博物馆，每年迎接无数游客前来纪念那些惨遭屠杀的人。然而，丹漠洞的故事到这里还没有结束。1999年，一个导游的偶然发现证实，这里不仅是黑暗历史的纪念馆，沉默的洞穴中还隐藏了永恒的宝藏。

1999年冬天，一个导游准备打扫卫生，因为寒冷冬季是旅游淡季，丹漠洞将关闭一段时间。他准备仔细清理游客留下的垃圾，所以去了很多平时根本不会去的洞穴。在一个离主路很远的小洞里，导游突然看到一块绿色的"纸片"粘在洞壁上，他以为那是一张废纸。他走上前去，赫然发现那根本不是什么纸片，而是什么东西从洞壁的狭缝中发出的闪闪绿光。导游用手指往外抠，结果抠出一个镶嵌着绿宝石的银镯子！诚实的导游马上将发现报告政府，在接下来的3个月里，爱尔兰国家博物馆的工作人员从那个狭缝中挖出了几千枚古钱币，一些银条、金条和首饰，另外还有几百枚银制纽扣。

这些东西应该是当时躲藏的人随身携带的。也许为了让财物更安全，他们把值钱的东西集中然后藏在一个隐蔽小洞里，甚至把衣服上的银纽扣都解了下来。海盗之所以屠杀所有的人，也许和没能发现这些财宝有关。由于在潮湿的洞里呆了1000多年，挖出来的东西都失去了金属原有的夺目光彩。国家博物馆的几十个专家工作了几个月才让所有艺术品和钱币重现光彩。丹漠洞遗址宝藏是爱尔兰最重要的宝藏，被收藏在国家博物馆，一直没有完全对外展示过。

虽然宝物数量不是最多，但其历史价值和考古价值远远超过其本身价值。考古人员说，有一些工艺品和纽扣的样式十分古怪，在所有和海盗有关的文物中都是独一无二的。在丹漠洞中被杀害的人现在可以安息了，他们为之丧命的财宝现在成了爱尔兰的国宝，将永远聆听世人的惊叹和赞美。丹漠洞遗址宝藏因为其独一无二的血腥背景和考古价值排在世界十大宝藏的第六位。

欧洲宝藏

133

夏朗德人的宝藏情结

> 这是一个听后让人欣慰的故事。不用人们特意去找，在这个美丽的城市里不时地总能见到宝藏。

夏朗德位于法国西南部，居民虽然只有一千多人，但却是一座历史名城。1569 年，法国科利尼地区海军司令手下的一名中尉罗日·德卡尔博尼埃男爵在占领夏朗德以后，不仅纵火烧毁了夏朗德修道院，而且屠杀了所有的修道士，这座中世纪早期的历史瑰宝，在经历了整整四十年的兴盛变迁后，终于难逃劫数，被毁灭了。虽然修道士们早已十分谨慎地把圣物和财宝隐藏了起来，然而，由于没有一个修道士能逃脱灭顶之灾，这批圣物和财宝也随之成了千古之谜。

夏朗德一带常常有一些神奇的事情发生，且与财宝有关。如每隔七年，在春暖花开的季节总有不少宣称"修道院的珍宝将出现在圣体显供台下"的布告张贴在夏朗德的大建筑物正门和古老市场的柱石上。这些布告也确实并非无稽之谈。几百年来，夏朗德居民一直都会不时地奇迹般地发现闪闪发光的金银财宝和各种罕见的圣物。这也许是财宝埋藏的位置造成的，这一位置形成巧妙的折射现象，将金银财宝和圣物显现出来。这使人们更加坚信这笔财宝一定保存于此。

美丽的滨海城市夏朗德

　　这些珍宝究竟藏在何处？这是一个十分难解的谜。夏朗德的地下布满着纵横交错的网道。这些地下网道大部分都跟地面建筑物接通。一部分地下网道与城堡相连，一部分与修道院、教堂接通，另一部分则与住宅、庄园相通。地下网道之间彼此连接。但近年来，这些地下通道大多数已被居民们用水泥黏合的厚墙所隔断，有的则早已塌方，所以要清理发掘这些地下通道几乎已不可能。必须寻找其他线索，如是否存在指明财宝埋藏地点的说明或图纸；若有，就先要找到这一地图。另外，各种传说也许能为寻宝提供一些有价值的线索。

　　1568 年，有一名年轻牧人克莱蒙为了逃脱胡格清派（公元 16～18 世纪法国天主教徒对加尔文新教徒的称呼）的迫害，躲进夏朗德附近的一个山洞中。他在山洞中偶然发现一个地下通道网。他沿着其中一条地道一直走了两天以后，发现有一个出口就在离夏朗德四公里处一个极为隐蔽的地方。据克莱蒙讲，这条地道之宽，足可以让一名骑士骑着自己的坐骑大摇大摆地行进，而且，地道里还有一大一小两座教

欧洲宝藏

135

堂：大的可能属于夏朗德城的南特伊修道院，小的也许属于夏朗德的圣索菲尔修道院。看来，这些地道结构是非常复杂的，这说明其功能是多样的：藏宝、作战、修道等。克莱蒙的这次奇遇在他的子孙中间一直流传着。法国作家马德莱娜·马里亚还把这一传说写进了《夏朗德人的传说》一书之中，此书被列为寻找夏朗德城珍宝的参考书之一。

而且，牧羊人克莱蒙的传说看来是真实可靠的。因为，据住在离夏朗德附近四公里（这与克莱蒙的说法是相吻合的）处的巴罗尼埃小村里的维尔纳太太说："五十年前，我父亲对我讲，山洞里有一条可以通到山岗底下的地道。他曾在地道里看见过一座很高的大厅，像教堂一样，四周有一百个凳子。这个地下工程一直延伸到很远的地方，可以通过夏朗德城的柄特伊。"维尔纳太太所讲的这些与克莱蒙所看到的一切都惊人地相似，但奇怪的是维尔纳太太从未听说过克莱蒙的传说。这也许表明，已经不止一个人进入过这条地下通道。另外，据当地传说，圣索菲尔修道院当年曾筑有一条二十公里长的地下通道，可以直达夏朗德城的南特伊修道院。因此，如果这个神秘的地下通道网确实像牧羊人克莱蒙所讲的那样，那么夏朗德修道院的财宝，尤其是那些体积大且价值昂贵的财宝和圣物珍品，像金盘子、枚形大烛台、餐器，很可能藏在那里，那里不但安全，而且易于保护。

20世纪来，夏朗德有一群孩子在玩捉迷藏游戏时，在佩里隆家所在地区的一幢老房子下面发现过一条地道。孩子们非常好奇，他们偷偷溜进地道中，借着手电筒的亮光，没走多久就发现远处有一个带三个跨度的拱顶大厅，里面还有一个石头祭台。它很可能是一座地下教堂。修地下教堂的目的何在？有的历史学家认为这完全是出于一种宗教虔诚，是想表明不但在地上，而且在地下人们都供奉上帝；有的人认为这一看法不符合实际，小教堂也许是一种标志，很可能是指明财宝藏于何处的标志。从这个被认为是地下小教堂大厅伸延出去的地道已经有三分之一的部分被塌下来的土所填满。

据那幢房子主人的一个孙子说，他小时候曾跟着父亲在这条没完

位于夏朗德的小教堂

没了的地道中走了一两公里，直到夏朗德河边附近时才发现地道早已被填塞。他父亲经过仔细观察后认为，过去有一些人也曾进入过这个地道，他们很可能发现了一笔财宝，但在挖掘时，由于误触了机关而使地道塌方，结果人财两空。

　　许多人都相信这一看法，慕名来此，想进入地道看看。遗憾的是，这块地方的主人 G 太太虽然承认确实有过这样的发现，但就是不同意让人发掘，甚至拒绝考古工作者进入这里的地道，致使研究这一地道的工作停顿了下来。当地人还说，有一条从一个谷仓底下开始的地道可通到圣索菲尔修道院及其四周附属的八座教堂。这条地道在朝 G 太太的房子方向另有一条小道可通往一座地下小教堂，从那里又可以继续通往巴罗尼埃村附近的一个山洞。在这个山洞里还有一个进口，可直达一座地下大教堂，在大小教堂底下还有一些地道通往神秘的地方，那里藏着巨额财宝。总之，在这座布满着迷宫一般的地下网道和大小教堂的古城夏朗德，有着足以勾起世人凭吊之情的断垣残壁，有着让

法国风光

人激动不已的珍宝、圣物，也有着令人神思遐想的栩栩如生的传说，还有古老的文化和风情。那么，在夏朗德人脚下仍然沉睡着祖宗们留下来的难以估价的珍宝吗？

尚未完全破译的
海盗拉比斯藏宝密码

一个海盗竟留下了密码宝藏图，人们为了寻找宝藏正在费尽心思。

17 30年7月7日下午5时，在法国某地断头台前，一个人正拼命推开行刑队员套向他脖子的绞索，向蜂拥围观的人群扔出一卷羊皮纸，并大声吼道："我的财宝属于能读懂它的人！"

这个人就是18世纪上半叶的法国大海盗，世界珍宝谜案史上的著名人物——拉比斯。拉比斯真名叫奥里维尔·勒·瓦瑟，是很显赫的

一个人物。1716～1730年，他在印度洋和东北海上横行了十四年，共劫夺了5吨黄金，600吨白银，还有几颗钻石及各类珍稀宝贝。其间，在1721年4月，他与英国海盗沆瀣一气，劫夺了在印度洋波旁

可能藏有拉比斯宝藏的塞舌尔群岛

岛圣坦尼港湾躲避风雨的葡萄牙船只"卡普圣母"号，抢走了船上价值 300 亿旧法郎的金银珠宝，并把这艘船装饰一番，改名为"胜利号"。

1722 年，当法国海军将领居埃·特鲁安在波旁岛附近打败了英国海军，控制了印度洋海域时，法国国王发布了大赦令。大多数海盗借此机会洗手不干，改过自新了，唯独拉比斯等少数海盗隐藏起来窥测时机。拉比斯劫来的财宝，也就在这时被他藏匿于从塞舌尔群岛到马达加斯加海角的印度洋海区。至于那些藏宝人，则被拉比斯以各种手段灭口了。

然而，拉比斯劫来的财宝并不能使他不被绞死，只是给后人留下了难解的珍宝之谜，让人去破解。

这封写在羊皮纸

写在羊皮纸上的密码信

上的密码信，如今珍藏在法国国家图书馆。这卷神秘的密码信，一共画有十七排稀奇古怪的图形，每一图形代表一个密码。作家夏尔·德·拉隆锡埃尔等人，都曾发表过他们译出的密件，但译文意思太晦涩难懂，有如天书一般，所以按字面逐字逐句翻译肯定是不行的。1949年英国探险家瑞吉纳·克鲁瑟韦金斯得到了一份密码影印件。他对十七排图形作了孜孜不倦地探索，经过二十八年的潜心研究，终于破译了十六排密码，但对其中第十二排图形却仍未找到答案。所以到他去世也未能破解此谜。

根据拉比斯一伙海盗经常出没的地方推测，拉比斯的这笔巨宝除藏于塞舌尔岛外，还可能在毛里斯岛（又称法兰西岛）、波旁岛、马埃岛、弗里卡特岛，有许多藏宝都是根据破译出来的密码在这里找到的。而且据传说，法国海盗贝·德莱斯坦可能是了解拉比斯秘密藏宝的最后一个知情人，他的一份遗嘱、三封信和两份说明书，都涉及拉比斯藏宝秘密。这份材料目前被法国"寻找藏宝国际俱乐部"所掌握。探宝专家认为，在德莱斯坦所了解的财宝中，有一些便是拉比斯的藏宝。

20世纪初，在法兰西岛的一座住宅里，有人在砍倒一棵大树后，在树根下发现了一块署名卡隆·德·布拉吉尔的大理石板。石板上写着："我的财宝就在这里。您有一棵树，在西北六法尺深处，您将看到一个铁球。从铁球朝西北笔直走去，在十六法尺处，您将碰到一块石头，石头的深度与我的财宝入口处相同。往西南走三十法尺，您将看到在六法尺深处有一块铜板……"寻宝者按照这些奇特的提示，果真找到了一块写有密码的铜板，遗憾的是没有人能译出密码，人们只好把铜板运往欧洲请人翻译，不料这块铜板在途中却意外地丢失了。

自1730年拉比斯被绞死至今二百八十年来，寻宝者们对拉比斯藏宝密码苦思苦想，绞尽脑汁地加以钻研探索，无疑这一切都使这件事更加充满神秘色彩，给人们带来无穷的诱惑力。总之，谁要能破译拉比斯藏宝密码，谁就能得到那笔巨大的财富。但要识破第十二排密码并非易事，这不仅要凭广博的知识，超人的智慧，顽强的毅力，还要靠运气。

欧洲宝藏

141

"红色处女军"的藏宝地

> 属于女人的传奇，不要以为只有男人能当强盗。既然是强盗就可能有财宝，所以这个娘子军也留下了未解之谜。

"红色处女军"是公元 8 世纪捷克斯洛伐克一支遐迩闻名的娘子军，其主要人员都是尚未结婚的处女，她们的首领是威震朝野的维拉尼·普拉斯姐。普拉斯姐是捷克斯洛伐克中世纪早期历史上充满传奇色彩的女性。有人说，普拉斯姐很叛逆，她"作恶多端"，是一个女妖，诱使青年女子去犯法；也有人对她敬佩不已，称她为女中豪杰。据历史记载，她仪容娇艳万分，天资聪颖明慧，而且练就了一身过人武艺，但她极端憎恶男人。有的历史学家猜测，普拉斯姐可能从小受到父亲的虐待，在尚未成年时被男人凌辱过，所以她一直深深痛恨男人。

普拉斯姐的这些品质引起了当时捷克女王利比莎的青睐。利比莎女王是布拉格的创建人，她也是一位出类拔萃的巾帼英雄。她创建了一支包括妇女在内的军队，她骁勇善战，曾打败过不少敌人。她后来虽然嫁给了波希米拉国的公爵普热梅希拉，但始终保持着桀骜不驯的独立性格，这一点与普拉斯姐的性格完全一致。

女王很器重普拉斯姐，便任命普拉斯姐为皇家卫队队长。这支卫队完全由清一色的年轻女子组成，它负责保卫女王和皇宫的安全，普拉斯姐兢兢业业为女王服务，与女王结下了很深的感情。

利比莎女王去世后，普拉斯姐深感悲痛，她不愿意再为国王普热梅希拉公爵效劳。她率领自己手下的女兵来到捷克北部的维多夫莱山。从此，她占山为王，开始了她传奇般的生涯。普热梅希拉公爵曾派一名使臣到维多夫莱山区，试图迫使普拉斯姐就范，结果，年轻的叛逆姑娘却把这名使臣阉割以后轰了回去。普拉斯姐的

斯洛伐克荣光时期的建筑

这一大胆举动吸引了周围地区许多年轻的姑娘，一批批年轻的女子不堪忍受男人的欺压，陆续投奔了普拉斯姐。没过多久，普拉斯姐手下就有了一支真正的部队，这就是人们所称的"红色处女军"。

这支军队人数最多时有上千人。为了保证部队的给养，普拉斯姐率领军队离开了贫瘠的维多夫莱山，在迪尔文城堡建立起了自己的武装大本营。她率领自己的娘子军四处打家劫舍，征收捐税，推行自己的法律。这些法律大部分是针对男人的。据说，为了明确表示她对男人的憎恨，她有时会带着几名女兵，手持利剑和盾牌，赤身裸体地去市镇游逛，如果哪个男人胆敢朝她们看一眼，那他就必死无疑。

普拉斯姐在她自己统治的地区行使着至高无上的绝对权力。她推行一套自己的法律政策，根据编年史学家的记载，可以列举出以下几条：

143

男人不许佩带武器，不许习武，否则处以死刑。

男人必须种地、做买卖经商、做饭、缝补衣服、干所有女人不愿干的家务活；女人的职责则是打仗。

男人骑马，双腿必须悬垂在坐骑左侧，违者处以死刑。

女人有权选择丈夫，任何拒绝女人选择的男人都将处以死刑。

这些古怪的法律对男人的要求十分苛刻，这触怒了国王。国王认为普拉斯姐做得太过分了。也确实如此，普拉斯姐以女人欺压男人来对抗男人欺压女人，这不但违反了男女应该平等的信条，也激起了当地男人的反抗。在这种情势下，国王普热梅希拉派遣大军围剿普拉斯姐。一开始国王过于自信，认为大军一到，普拉斯姐必定望风而逃，但普拉斯姐几次巧妙地诱使国王军队上钩，使国王军队大败而归。后来国王亲自率领部队对维多夫莱山区进行了突然袭击，杀死了一百多名桀骜不驯的处女军战士。在迪尔文城堡的普拉斯姐闻讯后，亲手扼死十几名俘虏，并率领自己的女兵进行了殊死抵抗。据说，普拉斯姐最后扔下了手中的盾牌，脱光了身上的衣服，仅仅拿着一把利剑，赤身裸体地对皇家部队进行了拼杀。最后，城堡中所有的处女军战士统统被杀死在战场上，没有一个逃命投降的。

在这悲壮的结局出现之前，普拉斯姐已预先在迪尔文城堡把她部队的财宝埋藏了起来。这笔财宝主要有金币、银币以及处女军战士不愿佩戴的大批首饰，数量极为可观。十几个世纪以来，这笔财宝始终没有被找到。但是，据认为这笔财宝肯定被埋藏在捷克的某个地方，很多寻宝者正以各种现代科学技术方法勘查这笔巨宝。但至今仍没有结果。

俄国沙皇 500 吨黄金埋藏地

> 一大笔财富就这样神秘地消失了，也许早就被得到它的人给挥霍掉了。谜只属于没得到的人。

俄国"十月革命"胜利之后，1919 年 11 月 13 日，沙俄海军上将阿历克赛·瓦西里维奇·哥萨克率领一支部队，护送着一列 28 节车厢的装甲列车，从鄂木斯克沿西伯利亚大铁路向中国东北边境撤退。就在这趟戒备森严的列车上装载着沙皇的 500 吨黄金。这批黄金都是沙皇从民间搜刮来的民脂民膏。

这队人马经过三个月的艰难跋涉，来到了贝加尔湖的湖畔，由于饥寒交迫，有许多人死去了。哥萨克将军发现铁路已被彻底破坏了，无法通行，只好命令部队改乘雪橇穿过贝加尔湖去中国边境。

冰面上积了厚厚的雪，在刺人肌骨的暴风雪之中，500 吨黄金装上了雪橇，在武装人员的押送下，在 80 公里宽的湖面上，像蜗牛一样边扫着积雪边前进。到了 1920 年 3 月初，贝加尔湖湖面上的冰突然出现了裂缝。据说，哥萨克的所有部队和 500 吨黄金全都沉入水深一百多米的湖底。

事情过去十八年之后，有一个生活在美国的沙俄军官斯拉夫·贝克达诺夫公开了身份，并对人讲："沙皇的这批财宝并没有沉入贝加尔湖，早在大部队抵达伊尔库茨克之前就已经被转移走，并且早已被秘

145

密埋藏了起来。因为当时的形势已很明朗了，不论从哪个方面来考虑，最好的做法就是把这笔黄金秘密埋在一个地方。当时我跟一个名叫德兰柯维奇的军官奉命负责指挥了这次埋藏黄金的行动。我俩带上 45 个士兵，把黄金转移出来之后，就把它们埋在了一座已倒塌的教堂的地下室里。这事办完之后，我们把这 45 名士兵带到一个采石场上，我和德兰柯维奇用机枪把他们统统枪决了。在返回的路上，我发现德兰柯维奇想暗算我，于是，我抢先一步掏出手枪把他打死了。这 46 个人的死亡根本不会引起注意，因为当时每天都要失踪一百多人。就这样，我成了现在唯一掌握沙皇黄金秘密的知情人。"

1959 年，贝克达诺夫曾利用一次大赦的机会返回苏联，并在马格尼托哥尔斯克碰上了在美国加利福尼亚时认识的美国工程师。此人始终没有透露真实姓名，他只用假名，叫约翰·史密斯。史密斯了解贝克达诺夫的情况，建议他共同去当年埋藏沙皇金宝的地方。于是他们在一个名叫达妮姬的年轻姑娘陪伴下，一起在离西伯利亚大铁路三公

20 世纪的哥萨克士兵

美丽的贝加尔湖

里处的原教堂地下室里找到了仍然完整无损的沙皇金宝。他们只取走了部分黄金。随后，当他们开着吉普车，正要通过格鲁吉亚闯过边境时，突然一阵密集的子弹扫来，在弹雨之中，贝克达诺夫被当场打死，而史密斯和达妮姬则扔下车子和黄金，惊恐万分地逃出了苏联。

如今，这批沙皇金宝的线索又断了。假如 500 吨黄金确实没有沉入贝加尔湖湖底，还需要人们进一步寻找线索才能揭开谜底。

纳粹宝藏隐藏何处

> 希特勒不仅仅是个战争狂人，他更是个强盗，他利用军队这个工具进行抢劫。

第二次世界大战中，纳粹法西斯对被侵略国的财宝大肆抢掠，贪得无厌。德国空军元帅戈林曾向他的部下指示："你一发现有什么东西可能是德国人民所需要的，就必须像警犬一样追逐，一定要把它弄到手……送到德国。"纳粹德国每占领一个国家，它的财政人员便马上夺取这个国家的黄金和外国证券、外汇等。接着还向这些国家征收数目惊人的"占领费"，到战争结束时，单单"战领费"的收入就有600亿马克（约合 150 亿美元）。德国法西斯还用种种理由迫使占领国支付"罚金"、"贡金"。据美国战略调查处的统计，共榨取金额达 1040亿马克（约合 260 亿美元）。

希特勒政府在征服波兰后，戈林下令掠夺波兰文物。半年后，他得到这样的报告："这个国家的几乎全部文物都已经被接收了。"据德国官方的一份秘密报告表明，到 1944 年 7 月为止，从西欧运到德国的文物共装了 137 辆铁路货车，计有 4174 箱，21 万件，单单绘画就有10890 幅，其中不乏名家杰作。纳粹头目们借机扩充"私人"收藏，仅戈林一个人所收藏的文物，据他自己估计就达 5000 万德国马克。他的家简直就是一个"博物馆"，有 5000 幅世界名画，16 万件珠宝镶嵌的宝物，2400多件古代名贵家具，其中1500件属于世界稀宝。上面的财宝都是有案可查的，那些不在案的恐怕没有人搞得清楚。

　　纳粹分子掠夺的大宗财富，经过瓜分形成了令人垂涎的八大宝藏，即希特勒金库、隆美尔藏宝、墨索里尼东林宝藏、勒色林财宝、福斯希加潜艇藏宝、南太罗的三处宝藏。纳粹法西斯灭亡后，人们只见到极小一部分。1945年4月20日，戈林离开希特勒，坐着他的装甲"梅塞施密特"汽车飞快地开往巴伐利亚——他认为安全的地方，后面紧跟着装满财宝的卡车护送队。最后一批在运送途中被美国部队截获，其中有27箱绝版的书，4箱贵重玻璃器皿，8箱金银器，无价的东方地毯等。希特勒自杀后，在其住宅里发现了一些油画和为数不多的资金。纳粹大量财宝藏在什么地方呢？谁也不知道。

喜欢文物的希特勒

战后，寻找这笔财宝的不乏其人，盟军曾组织一支寻宝队。作家们根据这些寻宝事件创作了引人入胜的故事，《第四帝国行动》就是由福斯希加潜艇藏宝的传说演化而来的。故事围绕着寻找一只金虎展开，这只金虎内部藏着一份纳粹分子复兴第四帝国的总计划，计划内包括二十艘潜艇藏宝的所在地点等，而金虎又被纳粹分子狡黠地藏进瑞士一家银行。故事曲折离奇，最后以纳粹分子的阴谋被粉碎而告终。小说所表达的愿望是美好的，但是这样大笔的财宝至今未发现一份。盟军所派遣的寻宝队只找到一部分，他们在一个盐矿里发现一批黄金、银器、宝石、瓷器、雕像、名画，总共装了 2600 辆卡车。

尽管法西斯德国长年穷兵黩武，最后彻底灭亡，但人们仍认为他们有许多财宝藏在世界各地。传闻最多的是纳粹有相当一部分宝藏在奥地利境内的阿尔卑斯山中，寻宝队严密搜寻了那个地方，结果一无所获。后来，在那里还是发现了一些线索。1945 年，一位瑞士向导宣称，在山中见到一架纳粹飞机和一具驾驶员的遗骸，人们马上想起，1943 年墨索里尼已到山穷水尽的地步，为了维持这个独裁者苟延残喘的危境，希特勒下一密令用飞机运去相当于一亿美元的黄金，那架飞机在阿尔卑斯山阿丹墨罗蜂触山失事。当这位向导带着一群人前往时，发现一条移动的冰河掩盖了这个地方，飞机、驾驶员、黄金荡然无存。

1949 年，奥地利警察在美国占领区拘捕了一个名叫兰兹的嫌疑犯，发现他的外衣里缝着一张奇怪的单子，上面开列有瑞士法郎、美钞、黄金、钻石、鸦片等总值约一亿多美元的东西，签署这张单子的是原纳粹德国少年先锋队的将军史坦弗·佛罗列屈。但是这些珍宝藏在何处，兰兹守口如瓶。

1950 年 5 月 17 日，美国驻奥地利占领军拘捕了一个名叫希姆尔的人，他当时正在一座寺院里埋藏一个箱子，箱中有 500 多万美元现钞及金条。据说这也是史坦弗·佛罗列屈叫他保管的。史坦弗·佛罗列屈被拘捕审讯时，承认希特勒命令他保管战时掠来的财宝，但拒不说出这些财宝藏在何处。

1954 年，一位名叫佛兰克的德国人在奥地利度假，偶然发现了阿尔卑斯山脱蒂蜂上纳粹藏宝的地方。他利用过去曾是纳粹党员和被希特勒授勋的身份，设法打进了掩护宝藏的组织，最终看到了那严密守护下的窖藏，每一个地穴上都清楚地标明了 50 万、70 万的字样。佛兰克从看管这些财宝的人员口中听到许多以度假为名来寻宝的人被杀的事，当这件事公之于世时，震动了欧洲。

纳粹宝藏，听起来有点玄乎，有人怀疑这些珍宝的真实性。但是从已经发现的资料看，肯定不是无稽之谈，即使没有传闻中的八大财宝，至少也有几笔可贵的宝藏。

1. 传说中的希特勒"狼穴之宝"

"狼穴之宝"是一笔推测性的藏宝，因而也更令人难以捉摸。

在波兰的格鲁贝尔河畔有一座小城名叫凯特尔赞，以前它又叫拉施坦尔。该城的地理位置大约是跟巴黎在同一条子午线上。1938 年，希特勒曾在这里兴建了一座日后被作为大本营的地下基地——"狼穴"。"狼穴"建在地下几十米深处，是一座名副其实的钢筋混凝土城堡，四周有八十处野外防御工事和犬牙交错的地雷网与死亡带。在战争期间，拉施坦尔是一个禁区。从 1939 年到 1944 年，"狼穴"是希特勒的参谋部，一系列秘密的军事攻击计划都是在这里拟定的，在欧洲各占领国推行的许多社会施政方案也是从这里出笼的。为了确

1938 年希特勒建造的"狼穴"

151

保"狼穴"的绝对秘密,一万名修建"狼穴"的工人在工程结束后都被枪杀了。制定"狼穴"工程方案的工程师和设计师们也被送上一架飞机载往德国西部。但是,就在降落的刹那间,飞机突然爆炸了。关于"狼穴"的传说有许多,无论传闻有多么神奇,有一点是可以肯定的,那就是确实存在着一个"狼穴"。在这个一直延伸到地下五十米深处的"狼穴"里,有办公室、套间、图书馆、档案室、宿舍、兵营、食堂、娱乐室和健身房、游泳池,以及一座负责照明、取暖和空调的发电站,一座跟科尼格斯贝格里格铁路线相连接的地下铁道网车站,一座地下降落场,一座医院和一条高速公路。在"狼穴"里还有一座造币厂(历史上从托普利兹湖里捞上来的假美元和假英镑可能也是在这里印制出笼的)和一座银行。据传,纳粹分子在这座神秘的地下金库里存放着数量相当惊人的黄金、白银和各种珍宝。据说这笔财产是

希特勒的参谋部"狼穴"

为一个神秘的政治目的而准备的，也就是说，是遵照希特勒的命令，按照希特勒的设计，为使大德意志帝国在20世纪未能重新崛起而准备的。战后十多年来，无论是苏联人还是波兰人，都没有能找到这座令人难以捉摸的地下金库。很可能有一些秘密通道，其出口处大概在离"狼穴"二十公里或更远一些的地方。不过无论传说中的"狼穴之宝"多么惊人，人们却从来也没有发现有关这笔财产的编制清单。因此，可能完全是凭估计，如果确实存在"狼穴之宝"的话，其价值可能将高达十几亿欧元。

2. 下落不明的"大德意志之宝"

1944年底，当纳粹德国在世界反法西斯武装力量联合攻击下即将彻底崩溃前夕，希特勒已在考虑把德国政府的财产隐藏到安全的地方去，以便日后东山再起。这是欧洲历史上一个战败民族第一次隐藏自己的财富。

1945年4月，人们发现，有近1000辆卡车在负责转移德国银行的财产。这笔财产按当时的估价相当于3500亿法郎。此外，还有一大批首饰、金条、宝石、稀世艺术珍品，以及纳粹头子们的私人财产，教会财产，从意大利、南斯拉夫、希腊和捷克等国犹太人身上掠夺来的财产等。这就是"大德意志之宝"，其总价值估计可达7000亿法郎。这是在执行希特勒于1945年大决战前夕下达的把当时还留在德国的所有财宝以"国家财产"名义隐藏起来的命令。

这批财宝有一部分已经找到和收回，其中主要是1945年5月隐藏在上奥斯一座盐井底下的财宝，价值达100亿法郎。随后又找回了秘密警察头子卡顿布伦纳隐藏在奥斯克里加别墅花园里价值10亿法郎的财产，以及1946年埋藏在萨尔茨堡的总主教府邸地窖里的赫尔穆特·冯·希梅尔子爵的财产。后来，在纽伦堡附近韦尔顿斯坦别墅的钢筋水泥地窖里还找到了戈林元帅的部分私人财产：三十六只大金烛台、一个银浴缸、一批大画家的名画和极其罕见的白兰地酒等。

1960 年成了以色列人阶下囚的、曾被纽伦堡国际法庭判处死刑的阿道尔夫·埃兴曼，在布拉亚·阿尔默的高山牧场区就埋藏了价值 190 亿法郎的财宝。人们在富斯施克城堡附近的一个谷仓里找到了 1945 年纳粹党卫队头子萨瓦德埋藏的两只大箱

盟军的寻宝队曾搜寻纳粹的宝藏

子。在一个今天已成了屠宰场的混凝土地下室里，发现了当年纳粹德国外交部长的一个藏有黄金、外币和珍宝的小藏物处。

1946 年的一天，有一个曾经参加隐藏财产行动的前中尉弗朗兹·戈德利奇透露说：有一笔相当大的财宝埋藏在奥地利伦德附近。他说："我知道此事，因为我参加了那次行动。有 30 只货物箱被俄国战俘们埋藏了起来。不过，活干完了之后，他们再也不会讲话了，因为他们已经命归黄泉！"以后，又有几十人为了寻找这些巨宝而死于非命。

1946 年，两名寻找藏宝者赫尔穆特·迈尔和路德维格·皮切尔带着精确的平面图走进了奥地利山区。可是不久，人们就发现了他们的尸体。在离两具尸体不远的地方，人们找到了几处已经空空如也的埋藏财宝的秘密地点。这表明，被寻找的财宝已经被谨慎地转移到其他地方埋藏起来了。1952 年，有一个叫约瑟夫·马泰的野营者，在里弗莱科普山区神秘地失踪了，只有他的野营帐篷被遗弃在一片空旷的山谷里。1953 年 5 月，在里弗莱科普山区还发现过另一具尸体和八个已经空空洞洞的藏宝处。

所有这些稀奇古怪的暗杀和失踪事件明显地表明，隐藏在奥地利阿尔卑斯山区的财宝是被一些秘密的突击队严密控制和守卫着。这肯定是一笔相当巨大的财宝，因为，人们从一个当年被美国人逮住的德国嫌疑犯身上，找到了一份有纳粹德国党卫队将军弗罗利奇正式批示和签名的如下清单：66亿瑞士法郎；4亿美元；13.5吨金条；294颗钻石和数万件艺术品。

美国的武装部队和联邦调查局一直在奥地利托普利兹湖区寻找着希特勒德国的藏宝，其中有一部分已经找到。人们认为，海拔2000米的托普利兹湖里至少沉放着20多只密封箱，其中除已经找到的假英镑外，还有首饰、黄金、人造宝石和样机原始图纸。有人认为，真正的金条埋藏在湖区假英镑附近的地方。

也有人认为，"大德意志之宝"的主要财宝已经多次转移，其主要藏宝处分散在山区，主要是在奥地利加施泰因、萨尔茨堡、萨尔茨卡梅尔克附近地区。这些藏宝受到非常严密的监控，非熟悉内情的人看来是不大可能找到它们的。有人认为，主要藏宝点是在奥斯小城周围。该城离萨尔茨堡的直线距离约60公里，处在两个长10公里的湖的西南尽头。奥斯在战争期间是纳粹德国最后顽抗的据点之一，是希特勒在1945年拟定的一个方案中的主要战略点。在纽伦堡审讯期间，人们估计有价值2亿多马克的财产被隐藏在奥斯地区。

原联邦德国政府和奥地利政府都在竭力寻找这批财宝。法国、美国、苏联和以色列的秘密机构也曾

被纳粹掠夺的波兰文物

欧洲宝藏

155

窥视这批藏宝。因为，从法律上来讲，各方几乎都可以有权要求得到这笔财产。不过，谁也无法知道，这批神秘的"大德意志之宝"最后究竟会落到谁家之手。

3. "纳粹黄金中转站"之谜

第三帝国军队通过各种手段聚敛的巨额财富，仅黄金就达三四百吨。除去法西斯党魁埋藏的部分黄金外，余下的巨额财富的流向仍然是个谜。第二次世界大战结束四十年后，这个历史之谜才为瑞士《二十四点钟报》等报刊所披露。据报道：1941～1944年，总计有350吨纳粹黄金悄悄地流入瑞士国民银行，折合17亿瑞士法郎，其中70%的黄金（约12亿瑞士法郎）由瑞士国民银行买进。

这笔巨额黄金在战争期间为纳粹德国发挥了很大作用。一是向葡萄牙购买战略贵重物资——钨，它是军火工业，尤其是飞机制造工业必不可少的材料。当时，出于国际舆论的压力，葡萄牙政府不愿接受纳粹德国这笔不义之财，除非通过瑞士银行转手成交。这是当时瑞士国民银行副董事长罗西在秘访葡萄牙首都里斯本之后所拟的内部通知中承认的。二是纳粹用于支付从瑞士购买的工业设备。瑞士历史学家韦尔纳·兰斯在其著作中指出："当时，80%的瑞士精密仪器工业，70%的电力工业，60%的军火工业都是为德国人工作的。"另一位历史学家克莱斯也揭露，由于当时瑞士向德国的设备、能源输出非常重要，以致纳粹曾计划

被纳粹掠走的世界名画

为瑞士提供专门用于军事安全的保护措施。鉴于这些理由，有人把瑞士称为"第三帝国黄金的中转站"。

战争爆发前，1938 年德国的黄金储备不超过 1.22 亿瑞士法郎。然而，在战争期间纳粹黄金却源源不断地流向瑞士，引起盟国的高度警惕。它们怀疑德国的黄金

纳粹掠夺被其占领国家的财宝

是从被占领国波兰、比利时等掠夺来的，有些黄金还可能是来自纳粹集中营的被害者遗物。于是，盟国向中立国瑞士、葡萄牙等发出警告，但当时盟国忙于战争无暇顾及此事，同时纳粹黄金的流动又非常保密，几乎无人知晓。战争结束后，盟国经过与瑞士的谈判，达成了华盛顿协议，瑞士同意拿出 2.5 亿法郎的黄金补偿盟国，美、英、法盟国则明确表示不再追究瑞士战时购买纳粹黄金一事。

目前还没有人能够做出令人满意的解答——为什么瑞士国民银行为首的金融界要购进这批沾满被占领国人民鲜血的"不义之财"？有人猜想这或许纯属业务交易，无政治动机，或许还有人认为瑞士银行对购进德国黄金有自己的辩解，他们轻易地相信了纳粹德国的"保证"，但这些看法难以服人。

欧洲宝藏

157

探寻纳粹德国湖中沉宝

> 这一次纳粹又发挥了他们强盗式的思维，把带不走的财宝要不藏起来，要不就毁灭。

1945 年 4 月，也就是第二次世界大战结束前的最后十个月，居住在托普利兹深水湖附近的居民们惊讶地发现，全副武装的纳粹德国党卫军封锁了托普利兹深水湖附近所有的交通要道，然后把一箱又一箱的神秘东西沉入湖中。知情者说，那些成箱的东西是纳粹德国从欧洲各国掠夺来的黄金珠宝、文物宝藏和绝密文件。从那以后，托普利兹湖底隐埋着纳粹宝藏和秘密的传闻不胫而走，吸引了一批又一批的寻宝探险家前去冒险。吸引世人瞩目的不光是神秘的历史传说，更主要的是发生在托普利兹深水湖真实的寻宝故事。

在二战结束后的大半个世纪里，特别是在 20 世纪 60 年代和 80 年代，托普利兹湖多次成为世界媒体报道的焦点，其中最轰动的要数 60 年代托普利兹湖发现大量假英镑一事了。这些足可以假乱真的英镑是希特勒亲自策划的"伯恩哈特绝密行动"的产物。二战后期，在战场上日益吃紧的希特勒突然萌生一个念头：制造假钞票，扰乱盟国的金融秩序，最后导致盟国经济全面崩溃。英镑成为希特勒造假钱的首选目标。

"伯恩哈特行动"令下达后，党卫军从犹太死亡集中营里搜罗了顶尖级的造币专家，开始制造假英镑。这些假钱达到了足以乱真的程度。然而，"伯恩哈特行动"还来不及实施，第三帝国的末日就来临了，慌乱逃命的党卫军来不及彻底销毁证据，只得把成箱成箱的假英镑丢进托普利兹湖里。

实际上，发给美国"海洋工程技术公司"的神秘传真中提到的四个湖中的三个根本没有任何秘密可言。在这半个世纪里，人们在托普利兹湖里发现过以下财物：50箱黄金、1本珍贵的集邮册、50公斤金首饰、5枚珍贵的钻戒、部分从匈牙利犹太人手中掠夺来的艺术品、22箱珠宝、20箱金币和3箱沙皇时代的金条。

正因为有了这些真实的故事，加上神秘的历史传说，世界各地的寻宝探险家们才冒着生命危险一次又一次地潜入托普利兹深水湖中，许多人甚至因此丢了性命。为此，奥地利内政部下达了严禁在托普利兹湖寻宝探险的命令。外界纷纷猜测说，奥地利政府禁止别人寻宝是为了"肥水不外流"；更重要的是，沉入湖底的绝密文件可能会曝光奥

托普利兹深水湖

地利政府二战期间许多见不得人的内幕，甚至会曝光奥地利现政府高官与纳粹的关系。

希特勒曾下令用飞机运走大量黄金

实际上，托普利兹深水湖确有一段鲜为人知的历史。很少有人知道，"第三帝国"元凶之一赫尔曼·戈林曾在离托普利兹深水湖畔不远处建了一幢小别墅，他和不时造访此地的希特勒经常一起到附近一家酒吧和小餐馆闲坐。希特勒和戈林当年都认为，这里险峻的山势可以使德军拒盟军于奥地利的萨尔茨堡门外，因此，他们甚至有过一旦柏林失守，就退到这里指挥德军负隅顽抗的计划。

更鲜为人知的是，托普利兹深水湖曾是二战期间纳粹德国新式武器的绝密实验场之一。德国于 1943 年至 1944 年间在这里修建了一个海军实验站，托普利兹深水湖的悬崖绝壁上的山洞群便是当年的新武器实验室。他们在这里先后进行过不同深度的水下爆炸实验，其中最大的水下炸弹重达 4000 公斤。纳粹德国潜艇的新型鱼雷实验也基本上都是在这里进行的。德国甚至还在这里进行过水下火箭的发射实验，水下火箭曾成功击中了附近的托德山。幸运的是，绝大多数新式武器尚未被希特勒派上用场，第三帝国就灭亡了。在战争即将结束的最后几天里，党卫军把实验室内的武器、弹药、实验文件通通沉入湖里。

在 20 世纪 40 年代末当地就传说，曾为德军做事的杰克·加斯图尔就在湖中找到过部分黄金，这些黄金成了他日后进行海洋寻宝探险的资本。1959 年，德国的《明星》杂志曾派调查人员潜入托普利兹深水湖进行调查，他们发现了整箱的假英镑和假身份证，还有希特勒亲笔签署的执行"伯恩哈特行动"的命令。1963 年，三名潜水员也想到托普利兹深水湖碰碰运气，其中一名潜水员不幸遇难。为此，奥地利政府下令严禁到湖中寻宝探险，三百余名森林保护区工作人员封锁了托普利兹湖，并且全面搜寻湖区附近的山地。他们发现了18箱假英镑，以及火箭推进器、火箭控制部件、实验设备和武器弹药。

这次代号为"伪装内幕"的奥地利政府寻宝行动于1983年12月方告结束。在奥地利政府举行的新闻发布会上，他们宣布整个湖区及山地都已被搜遍，不会有任何东西了。然而，在此后的几年间，奥地利潜水员仍然不时发现水雷和鱼雷。1987年有人甚至在湖边发现了一个秘密仓库，不过里面空无一物。

2000年6月的某一天，一名自称在南美某地看到过托普利兹深水湖纳粹藏宝图的神秘人物给美国的一家专业寻宝探险公司——"海洋工程技术公司"发了一份传真。此人声称：纳粹分子在战败前先后在奥地利四个湖中隐藏了大量的黄金宝贝，那些纳粹军人在湖边的岩石上炸开石洞，把无价之宝隐藏在洞中，然后原样封上，或者把财物装进特制的箱子，然后沉入百米深的湖底。至于他见到的藏宝图，现在都已经不见了。

奥地利多数专家对这份神秘的传真都嗤之以鼻，就连美国"海洋技术工程公司"的发言人朱塔尔·费尔曼也给狂热者泼冷水说："我们绝没把那份传真当回事。"然而奥地利和美国的媒体却掀起了一阵寻宝狂

戈林像

探索宝藏未解之谜

潮。奥地利的小报 7 月 5 日纷纷打出醒目标题称："不管怎样，肯定有纳粹神秘的黄金之说！"奥地利国家电视台也开始每天报道现场情况。美国的哥伦比亚广播公司则准备大干一场，打算推出一个大型纪录片。

托普利兹神秘的历史传说再次被激活了。但要想揭开托普利兹深水湖的历史秘密绝非易事，湖周围恶劣的自然环境和复杂的湖况都大大限制了探秘行动的开展。

纳粹掠夺的珍宝

尽管托普利兹深水湖距离奥地利重镇萨尔茨堡只有一百二十多公里，但直到今天仍只能靠步行穿越一条崎岖的山路才能抵达湖边，要想把大型探测机械运到湖边是极为困难的。而托普利兹湖一年中有六个月处于冰冻状态，适合探宝的时间又十分有限。此外，托普利兹湖宽为 250 米，长 1800 米，水深达 103 米，三面悬崖绝壁，另一面则一上来就是上百米深的湖水，所以寻宝探秘活动只能在船上进行。更奇怪的是，湖面 20 米以上居然没有氧气，这就进一步加大了湖底搜索工作的难度。

为确保这次湖底寻宝行动的成功，"海洋工程技术公司"动用了最先进的水下探测、搜寻设备与技术，其中最引人注目的是"黄蜂号"迷你型潜艇。这种只能容纳一个人的微型潜艇可以让潜水员在水下滞留数天，一旦发现有价值的东西，就可借助其机械手把它捞进潜艇一个特制的笼子内，然后带出水面。至于这次湖底寻宝行动能否有所新的发现，我们将拭目以待。

路易十六的财宝

君主制时代，帝王是最大财富的拥有者。社会动荡总会让他们害怕，而金钱是一切的基础，所以统治者藏钱以自保。遗憾的是他们死了，但财富都没有死，却不知去向。

1774 年路易十六登上法国国王宝座时，法国封建制度已危机四伏，新兴资产阶级对束缚资本主义生产关系发展的专制政体日益不满。国内政治动荡，社会极为不稳定。但就是在这种情况下，路易十六仍然四处搜刮金银财宝，过着十分奢华的生活。这极大地激怒了资产阶级和广大人民群众。1789 年由于路易十六召开等级议会，要第三等级即资产阶级和平民交纳更多的赋税，从而引发了法国资产阶级大革命。路易十六极为无能。传说当 1789 年 7 月 12 日民众攻克巴士底狱，

法国国王路易十六

直到晚上休息时，路易十六尚不得知，仍在日记上写下：7月12日，天晴，平安无事。迫于无奈，路易十六表面上接受立宪政体，实则力图绞杀革命。

1791年6月他逃到法国瓦伦，被起义者押回巴黎。9月被迫签署宪法，但仍阴谋复辟。1792年9月路易十六被正式废黜，次年1月被处死在巴黎革命广场（即今协和广场）。

虽然路易十六被送上了断头台，但他搜刮来的财富却仍留在世上。路易十六的金宝是寻宝史上最著名的财宝之一。关于他的财宝，众说纷纭，莫衷一是。至于藏宝地点至少有几个地方，有的甚至不在法国，而在西班牙。据说，他在行宫卢浮宫曾埋藏着一笔价值20亿法郎的财宝，包括金币、银币和一些价值连城的文物。不过，流传最广的还是路易十六隐藏在"泰莱马克"号船上的财宝。

"泰莱马克"号是一艘吨位达130吨，长26米的双桅横帆船。这艘船伪装成商用船，由阿德里安·凯曼船长驾驶。1790年1月3日，满载财宝的"泰莱马克"号在经塞纳河从法国里昂去英国伦敦途中，在法国瓦尔市的基尔伯夫河下游被潮水冲断缆绳出事沉没。"泰莱马克"号由一艘双桅纵帆船护航，在港口受到革命者检查时，曾交出一套皇家银器。船上隐藏着路易十六的一批财宝和玛丽·安托瓦内特

曾是路易十六行宫的卢浮宫

王后的钻石项链。据认为，这艘船上的财宝包括以下东西：

属于国王路易十六的 250 万法国古斤黄金（约合 95 万～137 万公斤）；王后玛丽的一副钻石项链，价值为 150 万法国古斤黄金；金银制品有银器以及朱米埃热修道院和圣马丁·德·博斯维尔修道院的祭奠圣器；50 万金路易法郎；五名修道院院长和三十名流亡大贵族的私财。

这些财宝的确存在，毫不夸张，这已得到路易十六的心腹和朱米埃热修道院一名修道士的证实。一些历史文献和路易十六家仆的一位后裔也认为，路易十六当年确把这笔财宝藏在船上企图转移出国。据说，"泰莱马克"号沉没在基尔伯夫河下游瓦尔市灯塔前 17 米深的河底淤泥里。

1830 年和 1850 年，人们都争先恐后地企图打捞这艘沉舟。但是，在打捞作业中，缆绳都断了，结果沉舟重新沉没到水底。

1939 年，一些寻宝者声称他们已找到了"泰莱马克"号沉舟的残骸，但没有确切证据表明，他们找到的就是"泰莱马克"号。

要找到路易十六的金宝绝不是一件轻而易举之事。所以这笔巨额财宝至今仍是一大疑谜。

欧洲宝藏

165

法国国王近万颗
钻石珠宝全部丢失

> 一个战争与金钱的游戏，史书总是把真相遮掩起来，老百姓就成了猜谜语的人。

1789年法国爆发资产阶级大革命，法国国王路易十六表面接受立宪政体，实则力图绞杀革命。1791年6月路易十六陪同王室逃至法奥边境瓦伦，后被群众押回巴黎，历时一千五百多年的法国封建王朝从此崩溃。

几天之后，法国制宪议会一位议员向公众提出了警告：内外敌人正在试图夺取王冠上的钻石。巴黎人民不会忘记法国王冠上有世界上最美丽的钻石与珠宝，每逢圣马丁复活节的星期二，在保安警察的监护下，巴黎市民才可在陈列柜前匆匆走过，观赏珍宝。历代法王都为王冠添上新的珠宝感到荣幸，这些稀世珍宝，历来都是保存在珍宝贮藏室里。自从路易十六执政以来，这些珍宝就交给忠诚可靠的克雷西看管。

在议员的警告下，制宪议会组成了由三位议员和十一位专家参加的专门委员会，负责清点保存法国王室的稀世珍宝。经过三个月的紧张工作，共清点出钻石9547颗，总值达3亿万法郎之巨。此后，每星期一人们都可参观这些珍宝，负责看管的克雷西对此十分担心，怕给不法之徒们以可乘之机。不知为什么，克雷西的职务很快被雷斯固代替，此人却是吉伦特派领袖罗兰的心腹。

1792年9月，路易十六因阴谋复辟而被废黜。此时，法国处在危机之中，外部面临欧洲联盟的入侵；国内山岳派与吉伦派争斗激烈，到处是失业与饥荒、恐怖与暗杀。在这严峻的时刻，珍宝贮藏室贴上了封条，但令人惊奇的是，这么多奇珍异宝，竟无人看守。

9月17日，内务大臣罗兰在国民议会突然宣布："珍宝贮藏室门被撬，钻石全部丢失！"

据称，自9月11日深夜至14日深夜，盗匪三次光顾珍宝贮藏室，无人觉察。第一次行窃时，盗匪三十多人打扮成国民自卫军，全副武装，气焰十分嚣张。15日早晨，巴黎街头出现了贱价的钻石，才引起人们注意，警察分局局长塞尔让只粗粗地到现场看了一下，并未作任何调查。16日当盗匪第四次来临时，被国民自卫军巡逻队抓获。至此，罗兰才于17日宣布失盗。

这起骇人听闻的盗窃案，确实令人深思，引起人们一系列疑问：为什么议员会事先提出珍宝被盗的警告？为什么忠实可靠的克雷西被撤职？为什么不多派人看守珍宝贮藏室？为什么警察局长对此案十分冷淡？为什么会连续发生四次盗窃案？谁是幕后策划者？盗宝的目的是什么？

盗窃案发生后，内务大臣罗兰指控他的政敌、国防大臣丹东及丹东的朋友应该负责，丹东又反过来指责罗兰和罗兰的朋友应完全负责，各派唇枪舌剑，指责对方。

9月21日，刑事法庭审判了抓获的两名盗匪，并判处他们死刑，次日执行。但在囚车上，临死的囚犯向庭长供出了藏在他家厕所的一袋钻石，共有100多颗。不久，珍宝贮藏室守卫长、警察分局局长之一的塞尔让收到了一封匿名信，指出在弗夫大街的阴沟里有一大堆珍宝。塞尔让前往取宝，并明目张胆地将一件美丽的玛瑙工艺品据为己有，他因此赢得了"塞尔让·玛瑙"的诨号。

不久，警察又逮住了一个叫勒图的家伙，此君供出了一个十七岁

欧洲宝藏

167

的盗匪。这个年轻人的父亲得知儿子入狱时，大发雷霆，声称要揭发一件耸人听闻的案子。十分奇怪的是，第二天早上，父亲被人毒死，儿子也死在监狱。这一连串的事情，使人感莫名其妙。

在珍宝失盗的 1792 年 9 月，法国正处于内忧外患、形势危难之际。人们只知道拿破仑指挥瓦尔密战役的胜利，拯救了巴黎和法兰西民族，然而，瓦尔密战役胜利的奥秘，过去、现在以至将来也永远不会被揭开。

历史学家、军事指挥家们知道，当时敌人只受到了轻微的损失，便立即撤退，这是毫无道理的。从战略上讲，敌方指挥官布伦斯维克也不应发布撤退命令，拿破仑当时也认为不可理解。这

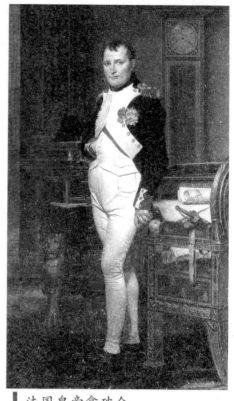

法国皇帝拿破仑

使人怀疑在战线后是不是进行了某种交易。事实上，当双方军队打仗时，举行了某次秘密会议，法国得花一大笔钱，以换取敌方撤军。8月 11 日，法国特使就已答应付给从杜伊勒利宫掠夺来的 3000 万法郎。贪得无厌的敌人，说钱数不够，法国议员帕尼斯知道这笔交易后，就建议从珍宝贮藏室找差额部分。他的建议被采纳了。事后，一个男爵的回忆录也披露了此事："还需要搜集相当一笔钱来贿赂普鲁士大臣。珍宝贮藏室的钻石正可提供这笔钱！"

9 月 17 日，罗兰宣布珍宝贮藏室失盗。一周后，双方举行了瓦尔密会议，于是出现了瓦尔密战役神秘的胜利。因此，有人认为，国防大臣丹东秘密策划了 9 月 11 日夜间的入室盗窃，然后让普通的盗贼进

拿破仑指挥的瓦尔密战役

行之后的几次偷盗，以便把事情搅混。

　　那么，丹东后面是否还有更强有力的对手呢？后来，另一起奇案揭开了真相。1805年，一伙伪造钞票的人面临死刑的判决，其中有一个名叫巴巴的人公然宣称："如果我被判死刑，我将请皇帝（拿破仑）宽恕。没有我就没有拿破仑的皇位！"

　　法官和观众都吓得呆若木鸡，为巴巴的欺君之罪捏了一把汗。可他还继续说："我是珍宝贮藏室的盗匪之一，我帮助同伙把雷让钻石和我熟悉的其他珍宝，埋藏在弗夫大街，这些珍宝的所有权已被出卖。根据给我特赦的诺言，我提供了埋藏珍宝的地点。雷让钻石已从那里取出。先生们，法国雾月18日政变之后，当时的首席执政官（拿破仑）为了得到急需的资金，就把这颗漂亮的钻石，典押给荷兰政府了。"

　　这样，巴巴没被处死，而是关在比塞特尔，受到了良好的待遇。那么他的这番意味深长的话是真是假呢？恐怕又是一个难解之谜。

欧洲宝藏

169

伊凡雷帝 "书库" 的下落

探索宝藏未解之谜

> 因为人们总觉得谜语一定会被解开，所以谜的存在才有意义，不管是有关一个书库还是一个书包。

俄罗斯历史上赫赫有名的伊凡雷帝，在克里姆林宫的地下室藏有大量珍贵的书籍和重要的文件，这一说法既流传于民间，也记载在书本上。但遗憾的是，亲眼见过的人却很少。虽然从 16 世纪起就开始有人进行探索，然而时至今日，所谓伊凡雷帝 "书库" 仍是欲穷底蕴而不能的一个谜。

1533 年，年仅三岁的伊凡雷帝即位。1547 年 1 月 19 日，在克里姆林宫乌斯宾大教堂举行了隆重的加冕仪式，大主教马卡里把镶满珠宝的皇冠戴到莫斯科大公头上，伊凡正式加冕为俄国第一个沙皇（沙皇一词来源于罗马皇帝的称号 "恺撒"，意即皇帝）。

1550 年，伊凡雷帝颁布新法，改革地方行政制度和军事机构。为了巩固具有专制政权的中央集权国家，他对以前的封邑公爵、世爵封建主、大贵族曾进行镇压。"雷帝" 这一使人感到恐惧的外号，正是由此而来。

伊凡雷帝收藏了大量的书籍，可能是真实的。这主要是从有关弗恩修道院的修道士马克西姆·克里柯的传说中得知的。据说这是一大批非常宝贵的古代抄本，其数量之多，足以抵得上一个图书馆。

这批书籍从何而来呢？据说，是伊凡雷帝从祖父莫斯科大公伊凡三世和祖母索菲娅·帕妮奥洛克丝那里继承来的。索菲娅是东罗马帝国的末代皇帝康士坦丁鲁斯十一世的侄女。她来到莫斯科时，曾从帝国的皇家图书馆里带走了不少极为珍贵的古代抄本。无疑，这些都是稀世的珍本。

伊凡三世想把所藏的书籍编个目录，就叫马克西姆

伊凡雷帝

·克里柯来完成。此人曾在巴黎、罗马的教堂学习过，很乐意做这项工作。此外，他还利用这个机会，把本国使用的斯拉夫教会的翻译本同希腊的原著进行了对照，对许多误译之处，逐个地加以订正。

克里柯的这种做法使莫斯科的大主教约瑟夫大为不悦，认为有损教会的尊严。不久，克里柯就离开了皇宫，后又被教团开除，还受到各种迫害。

以上就是有关修道士马克西姆·克里柯和伊凡雷帝书库的传说。但从这些传说中，对图书的编目工作是否完成了，大量书籍藏在克里姆林宫的什么地方，都无从知晓。

欧洲宝藏

171

在 16 世纪编辑的《里波利亚年代记》中，对此事有如下记载："德国神父魏特迈曾见过伊凡雷帝的藏书。它占据了克里姆林宫地下室的两个房间……"

使人感到不解的是，在同时代的其他文献或记录中，都没有提起伊凡雷帝"书库"之事。这是什么原因？是藏书已散失了，抑或是本来就不存在呢？

到了 19 世纪，有两个德国人对帝室书库之说很感兴趣。其中一人为了弄清藏书的来龙去脉，还特意来到莫斯科。他在古代记录保管所里查遍了有关这方面的材料，也没有找到所需要的线索。后来，他又对克里姆林宫的地形进行了调查，也难以确定书库的下落。尽管如此，他在离开莫斯科时，仍然认为："我坚信，伊凡雷帝的书库还沉睡在一个不为人所知的地方。解开这个谜，对世界的文化来说可能是非常重要的发现。"

对书库的命运，专家们的意见也是不一致的。有人说"克里姆林

克里姆林宫内沙皇、国王加冕的教堂

宫发生火灾的时候，这批藏书可能被烧毁了"，有人说，"这些书全移放到莫斯科大主教的图书馆，后来好像都散失了"，还有人认为，"伊凡雷帝的藏书确实存在，有必要对克里姆林宫进一步进行探索"……。

这些看法暂且不谈。而关于克里姆林宫的地下室，还有如下一段传闻：19世纪末，克里姆林宫古玩器类的权威——历史学家扎贝林，曾听某官员说过，他在造币厂的文书保管所里看到一本很奇怪的书，上面记的全是从前的事。其中有这样一件事：……在1724年，彼得大帝决定迁都彼得堡，把莫斯科作为陪都。同年12月，一个在教会工作的名叫奥希波夫的人来到彼得堡，向财务管理部门提出一份报告，谈到莫斯科的克里姆林宫的地下有两个秘密的房间，房间的铁门上贴了封条，还加了大锁，里面好像是放着许多大箱子。经过一番研究，有关方面立即着手对克里姆林宫地下的调查。但不久，从彼得堡传来指示，命令停止调查。

九年之后，这个奥希波夫再次提出要求，希望能对克里姆林宫地下进行发掘。结果怎样呢？在公文保管处所保存下来的报告中曾这样写道："尽管全力以赴，但没有发现秘密场所。"

苏联科学院的索伯列夫斯基院士认为，虽说奥希波夫失败了，但不能断言伊凡雷帝书库就不存在。他深信，这个谜总有一天会解开的。

欧洲宝藏

173

"琥珀屋"不见了

> 巨大的"琥珀屋"不见了？它即使被找到还会结构完整吗？

18 世纪初，普鲁士国王鲁道夫为了仿效法国皇帝路易十四的豪华奢侈生活，打算在柏林郊外波茨坦的王宫里建造一间使国人引以为自豪的"琥珀屋"。建筑师安·休鲁达和戈·德恩接受王命，并立即着手营建，于1709年完成。

琥珀屋外观

"琥珀屋"庄严、俊美。面积约占五十五平方米。屋内板壁上全部用琥珀粘上，下面铺上银箔，整个室内闪烁着一种难以形容的美妙光辉。鲁道夫和他的大臣们看了都赞不绝口，决定对参与建筑的人员给予重赏。

琥珀屋

哪知好景不长，没隔多久，板壁上的部分琥珀却脱落下来，摔得粉碎。国王得知，大发雷霆，于是把两位建筑师处以重罚。"琥珀屋"自此也从王宫里移了出来，搁在一边，再也无人过问。

普鲁士王国一直对瑞典的不断侵略感到头痛。1709年，当俄国的彼得大帝为了通过波罗的海，在玻尔塔瓦一战打败号称无敌的瑞典军队之后，普鲁士一面为之高兴，一面想和俄国结成同盟。

1716年，彼得大帝亲自率领大臣来到柏林，受到普鲁士王国的隆重接待。为了向俄国表示友好，国王就将已搬回王宫的"琥珀屋"作为礼物赠给对方。波得大帝一见，欣喜异常。他在给皇后的信中写道："我将送给你一件世上独一无二的珍宝。"

1717年，载着"琥珀屋"的大船，经过波罗的海运回彼得堡。彼得大帝原想把"琥珀屋"安置在作为行宫的"小冬宫"里，但没有来得及这样做，就与世长辞了。这样，"琥珀屋"再次被人们遗忘。

此后过了二十年，还是彼得大帝的女儿叶·彼得罗夫娜女皇忽然想起了这个房间。这是怎么回事呢？原来，女皇对西欧文化颇感兴趣，并打算热心引进。

1745年，她曾在察里斯科建成了一座很豪华的夏宫，1751年，决定对夏宫进行全面改建。在改建过程中，女皇突然想起了那早被忘却的"琥珀屋"，就立即命人将它运到察里斯科。随后，在著名建筑家拉斯托里的监督下，用了一个月时间对"琥珀屋"进行了改造，使之成为夏宫的一部分。改建工作相当出色，可说是巧夺天工，天衣无缝。女皇就将"琥珀屋"作为阁议室之用。

第二次世界大战中，纳粹德国每占领一个地方，就尽量掠夺那里的文物。1942年夏天，纳粹盖世太保机关按照上级的命令，要将察里斯科的"琥珀屋"转移到德国柯尼斯堡的琥珀博物馆。几天之后，"琥珀屋"全部被拆卸，并捆扎成包，用火车运走了。关于"琥珀屋"的情况，人们仅能了解这些。

1945年2月，苏军攻下柯尼斯堡后，由苏联科学家、建筑家、美术家、考古学家和将军组成的"琥珀屋"搜寻队曾去柯尼斯堡，对这里的城堡、庄园、昔日贵族的住宅、地下室以及塔顶上等可能隐藏"琥珀屋"的场所，都进行了搜寻，但没有找到任何线索。

搜寻队在研究了大量的材料之后，发现罗德博士是个很关键的人物。因为他曾是柯尼斯堡美术馆馆长，同时还负责柯尼斯堡琥珀收藏品的管理工作。当纳粹分子把"琥珀屋"偷运到柯尼斯堡后，便是交给罗德博士的。听说"琥珀屋"还在小范围内进行展出过。柯尼斯堡解放时，这个德国人没有逃走，而是留了下来。但不久，突然暴病而亡。

就在这个时候，听说有个叫格格沙斯的立陶宛人知道"琥

琥珀屋

珀屋"的下落。搜寻队找到了这个人。据他说，从1938年他就住在柯尼斯堡了，在1945年1月，有辆装载着好几个捆包的卡车向罗戈夫勒码头开来，后来就把捆包搬到舢船上，舢船冲出150米左右，放慢了速度，然后把捆包抛入波罗的海。根据这一情况，搜寻队动用了两艘船在当时的现场进行打捞，捆包真的被捞上来了，共有11件，但打开一看，并不是"琥珀屋"，而是轴承和汽车零件等物。

前民主德国有关方面对此也很关心。一家大众周刊曾刊登启事，希望读者对"琥珀屋"的去向提供线索。不久编辑部就收到一些来信，其中一封颇值得注意。信中写道："我的父亲曾是中央国防军直属的特种部队的成员。

"1945年2月，柯尼斯堡失陷之后，父亲突然回到家里，我曾听他谈到'琥珀屋'和一些琥珀搜集品，还有军队的一些秘密文件都藏在第三地下室里。"

1959年夏天，搜寻队和这位读者一起在该市的某些建筑物、街道和广场等处寻找过第三地下室，但仍然毫无结果。搜寻队认为，虽然"琥珀屋"的去向至今下落不明，但估计不会被转移出柯尼斯堡。它也许就在这个发生巨变的城市的地下室里沉睡着，以期待有朝一日能被人们意外地发现呢。

欧洲宝藏

177

法王巨款金币悬案

> 财宝曾露出了她神秘的面容，但真正一睹芳容的却是上帝的仆人——神甫，之后就没人再见到了。

雷恩堡是法国南部科尔比埃山中的一座小城镇，坐落在奥德省首府卡尔卡松市南约 60 公里处，雷恩堡教堂就耸立在山顶上。它虽然地处偏僻，但因这里曾经发生过轰动世人的奇闻，就使它充满着更加神秘的色彩。

早在 17 世纪，雷恩堡附近有位牧羊人因寻找丢失的一头母羊，偶然走进一座"尸骨横陈、箱子满地"的地下墓穴，他发现箱子里全是金币，就装满自己的口袋，匆匆赶回家。牧羊人暴发的事很快传遍雷恩堡，由于他至死也不讲出地下墓穴的秘密，他终于被指控犯了偷窃罪，最后冤死狱中。

到 1892 年，历经沧桑的三百年历史使雷恩堡的居民早已忘记了牧羊人的冤案，人们更不晓得地下墓穴的秘密。但这一年，又是一个极偶然的机会，使雷恩堡神甫跨进了神秘的地下古墓，从而出现了法国近代轰动一时的奇闻。

1892 年，正忙于修缮教堂的索尼埃神甫无意中发现一根圆木里面有一卷陈旧的植物羊皮纸，纸上写着一些带拉丁文的古法文。乍一看，这很像是《新约全书》里的一些片断，赶来查询的镇长也没有发现什

位于法国的雷恩堡

么破绽，但细心的索尼埃神甫并来就此结束，而竭力想弄懂这卷羊皮纸上的文字。终于他认出了上面写着的一段《新约全书》中的内容，还发现了法国摄政王后布朗施·德·卡斯蒂耶的签字及印章。为此，他还求教不少语言学家，最后，他终于悟出仿羊皮纸上写的是有关法国女王隐藏 1850 万金币巨宝的秘密。

索尼埃神甫弄清了藏宝秘密之后，便和女友玛丽开始悄悄寻找巨额宝藏于何处，最后在伯爵夫人的墓石铭中受到启发，终于在一个早已空空旷旷的被称之为"城堡"的墓地底下发现一条地道，顺着弯弯曲曲的地道，走进了堆满金币、首饰及其他贵重物品的地下墓穴。神甫和玛丽从地下墓穴中弄出很多金币和首饰，为掩人耳目他们还拟定了用金币兑换现金的方案，不久，神甫就成了腰缠数十万的大富翁。他重新翻修教堂，里里外外装饰得富丽堂皇，玛丽也成了城堡的女主人。神甫没有忘记抹掉墓石上的铭文，清除了一切可能发现地下墓穴的痕迹，同时也将那卷仿羊皮纸藏进了墓穴。暴富的结果带来一系列麻烦，引起各界关注，雷恩堡的镇长曾询问过神甫经费来源，被神甫支吾过去，镇长受贿，不再追查。后来，主教、教皇都过问此事并进行调查，教廷也宣布停止他的神职，又委派了新的神甫，但终因新神甫不为教民所信任而自动逃遁。

索尼埃非常关心雷恩堡的发展，而且热心于公益事业。他拟定了一个美化雷恩堡的计划，预算开支达 800 万金币，相当于 1914 年的 80 亿法郎。1917 年 1 月 5 日索尼埃刚在几笔订货单上签字后就一病不起，最后肝硬化夺去了他的生命。悲痛欲绝的玛丽为神甫办完后事，也过上了深居简出的日子。

1946 年，诺尔·科比先生在玛丽晚年时认识了她并博得她的信任与友情，为此，玛丽曾许诺在她临终前把藏宝的秘密告诉他，但是 1953 年 1 月 18 日，玛丽突然病故，带着藏宝的秘密匆匆离开人间。科比夫妇从此花费十二年的时间，苦心寻找，终是徒劳一场。

有些历史学家认为：这笔巨宝是 1250 年法国摄政王后藏匿的，以备急用，她把这笔国库巨额宝藏埋藏在当年称之为"城堡主塔"之下的秘处。两年后，王后临终前把藏宝秘密告诉儿子圣路易国王，国王临终前又将此秘密转告其继承人菲利普国王，但这位国王没来得及将此传下去就命归黄泉。从此，这批巨宝的真正下落便成了历史疑谜。

圣殿骑士团的藏宝传说

> 用二百年聚集的财富被藏了起来，人们肯定在计算这笔财富的价值，更贪婪的人已开始行动了。

圣殿骑士团是基督教军事团体。在 1119 年或 1120 年初成立。总部设立在犹太教圣殿内。当时，耶路撒冷王国成立不久，原来十字军控制的点不多，朝拜圣地的信徒往往受穆斯林军队骚扰，帕杨等八九名法兰西骑士发起组织了这个团体，决心保卫朝圣者。骑士团成立之后，军事力量发展很快，并四处征战，掠夺金银财宝，勒索钱财，在近二百年的时间里聚集了大量财富，在欧洲许多地方拥有财产。法兰西国王菲利普四世指控圣殿骑士团为异端和道德败

现代马耳他人重演的当年骑士团的军事操练

181

坏，终于使教皇克雷芒五世于1312年取缔该团。而有关圣殿骑士团藏宝的传闻便从此而起，流传至今。

法国国王菲利普四世于1307年10月5日下令逮捕所有在法国的圣殿骑士团成员，以便扫除这股与国王对抗的势力，并没收其财富。然而，使法国国王吃惊的是，财富在国王下令之前，早已被隐藏起来了。那么，是谁藏的，藏在何处？

根据有关历史记载和民间传说，有人说当时在押的圣殿团大祭司雅克·德·莫莱买通狱卒，把他的侄子谢·德·博热伯爵叫到狱中告诉他由他秘密继承大祭司的衣钵，并告诉他，在前任大祭司的墓穴中，珍藏着圣殿骑士团的档案，根据这些档案，可以找到一批从耶路撒冷带出来的财宝，包括耶路撒冷国王们的王冠、所罗门的七个烛台、四部有圣·塞皮克勒插图的金福音。还告诉他，圣殿骑士团另外一批财宝藏在大祭司们墓穴入口处祭坛的两根空心的、能转动的大柱子内，是一笔巨额财宝，是圣殿骑士团的主要财富。莫莱要侄子发誓设法拯救圣殿骑士团，可用这些财宝来招兵买马。人们根据博热回忆录中记载的这些话，去大祭司的墓穴中寻找，但一无所获。

另一种说法是，1314年当莫莱被法国国王处死后，博热建立了一个"纯建筑师"组织，并呈请法国国王批准把莫莱的尸体埋葬到别的地方去。国王准许了。博热便趁机从圣殿骑士团的教堂的大柱子里取出金银珠宝，并用棺材

（油画）法国国王菲利普四世迫害圣殿骑士团

（还有几只箱子）装起来，在藏宝地设置了许多杀人机关，令人望而生畏，而那些知情的心腹又严格遵守骑士团的纪律，因此，这批宝藏的秘密至今未得泄露。

圣殿骑士团长期惯用密术，它有一套自己独有的秘密符号，局外人无法看懂。据说藏宝人就是运用这套符号来秘藏或取出财宝的。

直到现代，人们还竭力试图觅到这批财富。有人利用现代技术，专门研究神秘符号，追索财宝的下落。根据当地的传说和骑士团的秘密符号，一些人断定，用棺

11 世纪的圣殿骑士团

材和箱子装的金银财宝，现在还藏在法国罗纳省博热伯爵封地附近的一个叫阿尔日尼城堡中。这个古城堡属于一位对圣殿骑士团内幕有相当了解的伯爵雅克·德·罗斯蒙所有。1950 年，有一位据称是英国教会的代表专程找罗斯蒙，愿出一亿法郎买这个古堡，但被罗斯蒙拒绝了。

1952 年，一位对圣殿骑士团秘密符号有相当研究的考古学家和密码专家克拉齐阿夫人对古城堡作了实地考察后说，她在阿尔日尼古堡找到了宝藏埋在这个古堡的充分证据，她找到了可以发现一个宝藏处的关键符号，其中有些符号是打开宝库大门的标记。她还说，她认出了一个古埃及文字符号，它表明除有宗教圣物外，还有许多世俗的金银财宝。她深信圣殿骑士团的财宝就在阿尔日尼。克拉齐阿夫人又说：

在古城堡的"阿尔锡米塔楼上有八扇又小又高的三叶形窗户，只有一扇窗户是用水泥黏合的石头堵塞。必须开通这扇窗户，并在6月24日这一天观察射进这扇窗户的光线束的形状。2～3点的阳光构成的图像可能起决定性作用，这阳光可能照射在一块会显示出决定性符号的石头上"。但是这位夫人又说，照在哪一块石头上，才是决定性的，谁能知道呢？现在还没有人知道。必须找到一个极其熟知内情的人，才会发现这块关键的石头——这把秘密的钥匙。可是，她认为要找到这个人，实在太难了。

巴黎有一位叫尚皮翁的企业家，在一位秘术大师、占星家和一位对圣殿骑士团秘术有专门研究的作家指导下，对阿尔日尼城堡进行过发掘，但由于对刻在建筑物上的符号的意思没有弄明白，结果毫无所得。

阿尔日尼城堡现在的主人罗斯蒙认为，阿尔日尼城堡属于圣殿骑士团秘密口授圈子里的财产，原来属于雅克·德·博热。由于当时博热的圣殿骑士团身份还没有暴露，他还是一名伯爵，因

圣殿骑士团在埋藏神秘的宝藏

此，圣殿骑士团的这个重要堡垒有幸得到了保护而免遭破坏，圣殿骑士团的财宝也可能因此而保存在这里。现在这个古堡已成为法国的文化瑰宝，法国政府为防止不法之徒偷挖这里的财宝，已做出决定把这个城堡定为文化城。因此，人们没有理由，也没有任何好办法去拆除这些古老美丽的建筑物，以寻找圣殿骑士团的宝藏，何况人们又没有

据说埋藏着圣殿骑士团财宝的阿尔日尼城堡

确凿的证据，证明宝藏绝对在这城堡里。

　　一些历史学家认为，圣殿骑士团藏宝地不一定是一处，在法国的巴扎斯、阿让以及安德尔——卢瓦尔的拉科尔小村附近可能也有宝藏。在法国瓦尔的瓦尔克奥兹城堡的墙上也刻有神秘符号，传说这里也有骑士团的宝藏。在法国都兰地区的马尔什也可能有圣殿骑士团的宝藏，因为这里从前是他们的"金缸窖和银缸窖"所在地。

　　可以相信，圣殿骑士团在面临危机时，它的核心人物运用他们的神奇的秘术和严格的纪律，把长期聚积的大量财宝，纷纷隐藏起来。这些宝藏在何处，有多少，在以后这段漫长的历史中是否有人发现过？也许人们会逐渐揭开这些历史之谜。

欧洲宝藏

巨额黄金军饷下落不明

> 这是一个盗窃案，这需要一位福尔摩斯似的人物，而且时至今日已不可能破案了。

克里米亚战争期间，英国政府的巨额军费——120块黄金锭，在严密的保护下被盗。这起震惊英国朝野的大案始末早已被查悉，可那笔巨款的下落却成了一个谜。

1854年，以英法为一方，以俄国为另一方的争夺殖民地的克里米亚战争爆发了。英国的哈德斯顿和布莱德银行奉命为英法政府筹集军饷，每隔一段时间就向克里米亚运送一次金锭。运送的方式是：金锭放进银行的保险柜，加封后由警察武装押送到伦敦桥火车站。然后装进开往福克墩的列车行李车厢。车厢中特制的保险柜由4英寸厚的回火钢板制成。保险柜门上装的是暗折页，整个保险柜严丝合缝，根本不可能把它撬开。柜上有两把锁，每把锁要由两把钥匙同时开启。四把钥匙分别保管在银行总经理亨利·方勒、银行高级合伙人特兰特和铁路公司办公室三个地方。然而，这套安全措施在一次酒宴上被亨利·方勒向朋友们吹嘘银行的保安能力时泄露了出去。席间一名叫爱德华·皮尔斯的听后，筹划了周密的盗窃方案。

皮尔斯和他的助手们首先摸清了火车站内的设置和保险柜钥匙的存放位置，以及夜间警卫与警察的活动规律。为使窃取保险柜钥匙的

克里米亚战争

行动更有把握，1855 年 1 月 9 日，皮尔斯和助手阿加、蛇人韦利（善于钻小洞的孩子）、皮尔斯的情妇米丽安、赶车人巴洛在车站办公室里演出了一场警察抓小偷的闹剧，并趁着混乱打破了办公室的气窗，拿出了打开房门和壁柜门锁的钥匙。这天晚上，韦利趁着大雾从房顶钻进了办公室的气窗，用阿加给他的钥匙打开了办公室的房门和壁柜；皮尔斯装扮成醉鬼引开了巡警。阿加则利用警卫去厕所的 64 秒时间溜进办公室，取到了两把保险柜钥匙的印模。

皮尔斯知道第三把钥匙在特兰特手中，于是他千方百计在赌狗场与特兰特交上了朋友，并进而从他女儿口中得知保险柜钥匙藏在酒窖里。一天晚上，米丽安借口找错门引开了特兰特家的看门人。皮尔斯和阿加偷偷进入酒窖，轻而易举地得到了钥匙的印模。

之后，皮尔斯又利用了亨利·方勒好色的弱点，在他与一个乡下少女幽会，摘下一直挂在脖子上的钥匙的一会儿功夫，得到了第四把钥匙的印模。

四把钥匙都到手了，皮尔斯用重金买通了押运黄金的路警伯格恩。从亨利·方勒的妓女苏珊处知道了运送黄金的确切日子。狡猾的皮尔斯为了保险起见，制造了要在格林尼治武装抢劫一家公司巨款的假象，把警方的视线引向了格林尼治。

1855 年 5 月 22 日清晨，车站营运主任麦克法森监督着银行把 120 块金锭锁进了行李车厢的保险柜。之后，又答应了一位美丽而可怜的姑娘，将她哥哥的棺材装上行李车。车厢门被锁上后，火车缓缓开出了车站。车厢里，押运乘警伯格恩帮助阿加爬出棺材，打开保险柜，取出黄金，又装进了铅丸。与此同时皮尔斯扛着绳子从二等车厢爬上车顶。把绳子拴在行李车厢的气窗上，利用绳子滑到行李车壁，打开了车门，装满黄金的手提袋被推出了列车。当列车到达福克墩站时，皮尔斯从容地走出二等车厢，离开了车站，棺材则被一位姑娘领取运走了。

接着 5 月 23 日，法国路易·波拿巴父子银行的代表验收黄金，发现保险柜中的黄金全部被换成了铅丸。

经过五个月的侦查一无所获。人人关心的飞车盗窃案已不再是公众的热门话题。到了 11 月，警方因其他案件逮捕了阿加和他的情妇，审讯中两人分别供出了黄金盗窃案的全部经过。11 月 19 日皮尔斯被捕。警方使用了各种办法也无法让皮尔斯说出黄金的下落。就在押送皮尔斯去劳改营地的路上，皮尔斯在情妇米丽安和巴洛的帮助下，打伤了看守，逃之夭夭了。

时至今日，仍无一人知道这 120 块金锭的下落。

"沙漠之狐"隆美尔密藏的珍宝下落

> 隆美尔不仅是一只战争狐狸，还是一只财迷狐狸。他在沙漠中玩起了藏宝游戏。

德国陆军元帅隆美尔生性凶残、狡猾，惯于采用声东击西的伎俩。在北非的大沙漠上，他以力量悬殊的兵力与强大的英美联军交锋，出奇制胜，因而赢得了"沙漠之狐"的称号。

这个"沙漠之狐"在北非的土地上疯狂地屠杀土著居民，掠夺他们的财富，尤其是当地无比富裕的阿拉伯酋长，只要他们稍稍表示拒绝支持纳粹事业，隆美尔即令格杀勿论。隆美尔用如此野蛮的血腥的手段在很短的时间里积聚起一批价值极为可观的珍宝。这批珍宝包括满装黄灿灿金币和各种珍奇古玩的 90 多只木箱及一只装满金刚钻、红宝石、绿宝石和蓝室石的钢箱。

这批珍宝价值多少？谁也估算不出来。这批财宝太迷人了，可谓价值连城，隆美尔自己本人也不清楚这批珍宝的价值究竟是多少。这批珍宝，除供隆美尔大肆挥霍外，还用以收买少数阿拉伯统治者。

无论隆美尔怎么挥霍，也仅仅动用了这批珍宝的极少一部分。随着战局的进展，隆美尔自吹所向无敌的非洲军团全线崩溃。为了不让这批珍宝落入英美联军之手，隆美尔秘密调动了一支亲信部队将这批珍宝藏在世界上某一个不为人知的角落里。

　　奉命藏宝的部队是不知出于意外还是出于阴谋，在完成任务后全部战死，无一生还。这么一来，连部署藏宝的隆美尔本人一时也不十分清楚这批珍宝的最后藏身地。

　　1944年，法西斯德国日暮途穷，德军一些高级军官谋刺希特勒，事涉隆美尔。10月14日，希特勒派人至隆美尔住所，要隆美尔考虑决定接受审判还是服毒自杀。隆美尔选择了后者。十五分钟后，隆美尔便离开了人世。隆美尔一死，唯一知道这批珍宝埋藏地点、方位、标志的线索便中断了。对于隆美尔这批珍宝，西方的一些冒险家们垂涎三尺，朝思暮想，希望有朝一日发掘这批珍宝，成为珍宝的主人。他们不惜重金，派专家们南来北往，查阅有关密档，又千方百计地寻找所有可能知情的人。调查的结果，各种传说都有，但均不甚确凿，弄得冒险家们抓耳挠腮，一时不知从何下手。

　　一种传说是这样讲的：在隆美尔的非洲军团崩溃前夕，"沙漠之狐"隆美尔曾调集了一支高速摩托快艇部队，命令将90余箱珍宝分装于艇中，由突尼斯横渡地中海运抵意大利南部某地密藏。某日晚，快艇部队在夜幕的掩护下秘密出航，按预定计划行动。不料在天将拂晓时，快艇部队为英国空军发现。原来英军情报部门早就密切注视着这批珍宝的去向。英军情报部门除派出大批地面特工人员外，又动用飞机与舰艇，在空中和海上昼夜侦察，随时准备拦截。"沙漠之狐"老谋深算，竟也有失算的时候。英军发现

沙漠之狐隆美尔

探索宝藏 未解之谜

隆美尔在诺曼底

鬼鬼祟祟的德军摩托快艇后，料定珍宝即在其中，下令从空中和海上
不惜一切代价截获。当摩托快艇行至科西嘉附近海面时，德军深知已
无望冲出英军密织的罗网。当此绝望之时，隆美尔竟下令炸沉所有快
艇。这支满载着珍宝的德军摩托快艇部队就这样在科西嘉浅海区沉
没了。

　　从那以后，不时有人用高价雇用潜水员一次一次在科西嘉海底搜
寻，可是一无所获。是科西嘉的海面过于辽阔呢，还是沉船的具体位
置并不在科西嘉岛？抑或是隆美尔并没有炸沉快艇，甚至艇上并未载
有珍宝？谁也说不清。

　　1980年美国《星期六晚邮报》二月号刊载了一篇令冒险家们十分
感兴趣的文章《"沙漠之狐"隆美尔的珍宝之谜》，作者署名肯·克里
皮恩。作者说，声东击西的"沙漠之狐"并未用快艇载运珍宝。这批

欧洲宝藏

191

珍宝密藏在撒哈拉大沙漠中的一座突尼斯沙漠小镇附近。小镇附近遍布形状相差无几的巨大沙丘。这批珍宝即埋藏于某座神秘的沙丘之下，作者信誓旦旦地说，他在突尼斯度假期间，对这一桩传闻作了核实，并且采访了一位据说当时曾目击珍宝装车的原德军党卫军军官海因里奇·苏特，作者相信这个传奇故事不是虚构的。

作者说，1942 年 11 月，美英联军在北非登陆。次年年初，兵分两路从东西夹击德军队，前锋逼近濒临地中海的突尼斯城。1943 年 3 月 8 日清晨，居住在距突尼斯城不远的哈马迈特海滨别墅里的隆美尔发觉英军已控制了海、空权，他的珍宝已无法由海、空安全运出，决定就地藏宝。

3 月 8 日深夜，在隆美尔与他的亲信严密监视下，这批珍宝被分装在 15 至 20 辆军用卡车上，车队在汉斯·奈德曼陆军上校的押运下连夜向突尼斯城西南方向行驶，在撒哈拉大沙漠边缘的一座小镇——杜兹停下。汽车驶至杜兹后，前方即是大沙漠，无法行驶。汉斯·奈德

▌一望无际的撒哈拉沙漠

曼购买了六七十匹骆驼，将珍宝分装在骆驼上，于 3 月 10 日踏入撒哈拉大沙漠。

驼队在沙漠中跋涉两天，最后将珍宝按预定计划埋入数以万计的令人无法分辨的某座沙丘之下。负责押送、埋藏珍宝的德军小分队在返回杜兹途中，意外地遭到英军伏击，小分队全部丧生。藏宝人连同宝藏的秘密一起被撒哈拉大沙漠无情的黄沙埋葬了。

撒哈拉大沙漠一望无垠，白天温度常在华氏百度以上，人称之为无情的地狱。谁敢贸然叩开这无情的地狱之门？隆美尔的大批珍宝能有重见天日的一天吗？

有的人对以上说法表示怀疑。他们认为，所谓隆美尔密藏珍宝云云，只不过是一个引人入胜的传奇故事罢了。

沙漠风光

欧洲宝藏

193

匈奴王阿提拉宝藏的千古疑案

> 一个帝王在新婚之夜死了,他忠实的下属把大量的宝藏放进了他的坟墓,然后留给后世一个未解之谜。

匈奴人是一个历史上的游牧民族。他们居无定所,不善农耕,常年在马背上生活。欧亚大陆北部广袤的草原是他们的故乡。他们自公元 370 年侵入欧洲东南部,在七十余年间以旋风般的速度劫掠了几乎整个欧洲,并建立起一个庞大的军事政权。

公元 4 世纪中叶,原在中亚大草原一带出没的匈奴人在伏尔加河外出现,首先征服了伏尔加河和顿河之间的阿兰人,然后大举向东哥特人领地进攻,推翻了东哥特人在顿河和德涅斯河之间建立的帝国。约公元 376 年,他们击败居住在现罗马尼亚一带的哥特人,到达罗马帝国的多瑙河边界,由此拉开了中古欧洲史上持续了二百多年的民族大迁徙的序幕。

匈奴人似乎个个是天生的骑兵,他们常年像胶粘在马背上一样,酷爱骑马打仗。匈奴人的骑战具有高度的机动灵活性,经常像旋风般吹来,转眼就席卷而去。凡是被他们的铁蹄践踏过的地方,必定留下一片废墟,大量人口被杀,财物被劫夺一空。

匈奴人到来之前,东哥特人从未和骑兵交战过,也没见过如此迅猛的攻势。在匈奴骑兵排山倒海地打击下,东哥特人落花流水般地向西逃窜，直至多瑙河边。为了寻找新的生存空间，这些逃亡者又沿途打击西哥特人的部落，把他们连根拔起，驱赶到更向西的地方。

很快，在西哥特人逃窜的路线上，汪达尔人、法兰克人、勃艮第人、盎格鲁撒克逊人，像滚动的雪球，接连不断地向西涌去。匈奴人的进攻

欧洲人画笔下的匈奴人

几乎把所有的日耳曼部落都给驱动起来。

在匈奴人的攻击下，大量日耳曼人蜂拥逃向西方，以期在罗马帝国境内寻求庇护。西哥特人后来经罗马皇帝瓦伦斯的允许越过多瑙河进入罗马帝国境内的色雷斯一带避难。令罗马人懊悔不已的是，这些涌入的西哥特人对罗马造成很多不安定因素和隐患，也为后来的罗马帝国灭亡埋下了祸根。

匈奴人在给予欧洲第一次沉重打击之后，便停留在多瑙河沿岸一带，以匈牙利平原为中心，在中欧地区建立了一个匈奴帝国。入侵欧洲的匈奴王是阿提拉，他是匈奴最伟大的统治者。阿提拉时期的匈奴帝国是匈奴征服史上最辉煌的篇章。

公元432年，各匈奴部族的领导权集中在鲁奥的手里，公元434年，鲁奥死后，他的侄子阿提拉击败了其长子布莱达，继任匈奴最高统治者。

据历史记载，阿提拉虽表面粗野，但内心却被多年的外交、政治和军事角逐磨炼得十分细腻。阿提拉为人狡诈，野心勃勃，其残暴凶狠程度使整个欧洲都在他面前发抖。他的兵锋杀到哪里，哪里就意味着血流成河。欧洲人称他为"上帝的鞭子"，把他看成是专门来惩罚人类的煞星。

公元441年，阿提拉对巴尔干半岛东部实施了一系列致命的打击。匈奴人摧毁了多瑙河畔的许多城市。数年之后，当罗马使者经过此地时，仍可见岸边累累白骨，城内尸臭熏天。此后，高卢地区许多城市都未能免遭厄运。他们侵占了多瑙河地区之后，于公元442年被著名的东罗马将军阿斯帕尔阻挡在色雷斯一带。

公元443年阿提拉再次发起进攻，长驱直入帝国腹地，击溃了东罗马帝国的主力军，兵锋指向君士坦丁堡。东罗马帝国万般无奈之下与阿提拉订立和约，阿提拉强迫东罗马帝国支付6000磅黄金，并将每年要缴纳的贡金增加两倍以上，即以后每年向匈奴人纳贡2100磅黄金。

公元445年，阿提拉害死兄长布莱达，成为匈奴帝国的独裁君主。

公元451年初，匈奴大军渡过莱茵河向西挺进。这时，罗马大将艾提乌斯与西哥特国王提奥多里克一世达成合兵抗击匈奴的协议。匈奴人的铁蹄踏过比利时，横扫高卢北部的阿拉斯、梅斯等地，这些城市均化为一片废墟。阿提拉亲自率领大军猛扑高卢中部要镇奥勒利亚尼，一连五周猛烈攻城，就在守城的罗马军队即将崩溃之际，罗马后期最伟大的统帅艾提乌斯率领罗马军队主力与西哥特联

匈奴王阿提拉

军赶来救援，及时挡住了匈奴大军的攻势。6月20日，两军在沙隆平原上相遇。

这里是南下高卢纵深地区的一个大缺口，自古为兵家必争之地。阿提拉工于心计，想借着平原之势，利用骑兵优势把艾提乌斯及其联军一举歼灭在此处，然后顺势南下，一举攻下罗马。他把部队分为左、中、右三部分，采用中间突破的战术，亲自率领匈奴主力居中路，左、右两路则由匈奴军及其附庸的混合部队构成。艾提乌斯先按兵不动，待他看出阿提拉的战术后，便把罗马步兵方阵置于中间，而将罗马骑兵与西哥特军部署在两翼，并相应地做了两翼进击的部署。

大战开始不久，阿提拉见战斗呈胶着状态，便令中路的匈奴骑兵全力冲阵。凭借骑兵的优势，匈奴军在苦战中稍稍占了上风。在这关键时刻，指挥作战的西哥特王提奥多里克正纵马驰驱，突然从自己队伍中飞来一支标枪，击中他的要害，他翻身落马，不幸被乱军踩踏而死。他的战死激起了西哥特人的愤怒和决一死战的决心。西哥特军像杀红了眼一般拼命战斗，从侧翼发动了猛烈的冲击。傍晚时刻，匈奴人渐渐招架不住，罗马与西哥特联军反败为胜。阿提拉见情况不妙，便借着黑暗的掩护冲出重围，狼狈逃回用战车围住的营地。根据历史记载，这次战役双方死伤达165000人。沙隆之战是阿提拉这条战无不胜的"天鞭"第一次也是唯一一次惨败。有人评论说，正是艾提乌斯在公元451年沙隆大战的胜利使西罗马帝国免于灭亡，否则历史将可能改写。

公元452年，阿提拉经过休养生息，死灰复燃，入侵意大利，劫掠包括阿奎莱亚、帕塔维翁、维罗纳、布雷西亚、贝加莫、米兰在内的许多城市。由于天灾和瘟疫，这才迫使匈奴大军的铁蹄未能踏平整个亚平宁半岛。

阿提拉在连年征战中，每踏平一个城市，都要抢掠大批的金银财宝。到公元5世纪中叶，匈奴帝国已成为横跨欧亚两洲的当时世界上最豪富的大帝国，匈奴王阿提拉也是世界上拥有最大权势与最多财富的人。有人统计，在这近十年里，仅东罗马上贡给匈奴王的黄金就达 21000 磅之多。由于匈奴人一直保持着游牧民族的习惯，不事建筑，没有更多的开支，而阿提拉又有收藏珍宝的嗜好，因此匈奴人从各地掠

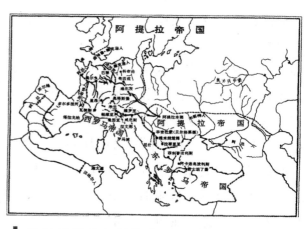

曾经辽阔的阿提拉帝国版图

夺来的金银和珍宝大多保持着原有的形态。"匈奴王的珍宝"早已是闻名于世的一笔巨大财富。而且阿提拉厉行严酷的专制制度，其臣民稍有不合其意者即遭严惩。因此在匈奴王国内部，他的珍宝除他本人和极少数亲信之外，根本无人敢过问，更无人知晓其所在。

然而，令人难以置信的是，一年之后，阿提拉在新婚之夜突然死去。据说是来自东罗马的新娘给他暗下了毒药。他死之后，匈奴人把所有参与埋葬阿提拉遗体和宝藏的工人全部处死，没有给后世留下一个活口。世人都不知道阿提拉的坟墓在什么地方，也不知道他那巨额的珍宝藏在哪里。

此后匈奴帝国一蹶不振，渐渐沦落灭亡。但是，一个有关阿提拉的陵墓和宝藏的故事却渐渐流传开来。人们传说，在东欧平原的某个不为人知的偏僻山区，隐藏着阿提拉的秘密墓穴，而举世闻名的匈奴王的宝藏，就埋藏在那地下墓穴之中。但是，它又埋藏在哪里呢？目前仍是个谜。

水下古城中的神秘宝藏

> 海底世界是为人类历史、地壳的变迁提供可靠证据的地下宝藏，一笔真正为人可利用的财富。

在爱琴海的海底，自20世纪初期，由于采集海绵已发现很多古希腊雕像的精品，这激起了世界各地寻宝爱好者的广泛兴趣。沉没在大西洋的所谓亚特兰蒂斯大陆的传说，迄今为止也为无数著作引用和讨论过，然而，自远古以来，大海给人类带来了无穷的苦难和数不清的灾害，亚特兰蒂斯大陆的传说绝不是偶发事件，而不过是无数次悲惨灾害的象征。

在四个大洋的海底，蕴藏着很多与人类活动有关的实物证据。它们由于飓风、洪水、

推罗海边的瓦砾堆

199

地震或者水位上升等各类自然灾害的影响而沉没海底，消失得无影无踪。从以前的发现看，在海底有相当多沉没的城市、聚落、港湾、岛屿等。

自人类青铜时代掌握以航海作为海上的交通手段以来的几千年间，不知有多少船只为波涛所吞噬而沉入大海。

根据水下考古学家的研究，最为著名的海底宝藏所在地，当属在地中海所发现的古代海底城市和港湾遗址，其中之一是公元前373年，由于地震而沉于海底的希腊的科林特湾沿岸的埃利凯。另外两个古代港湾遗迹就是至今仍沉睡在海底的腓尼基的西顿（今黎巴嫩的赛达）和推罗（今黎巴嫩的苏尔）。当然，世界范围内的海底城市远不止这些。

1. 海神波塞冬大神殿

对埃利凯的最后一段历史，古希腊的地理学家和历史学家做过生动的描绘。亚里士多德（古希腊哲学家，公元前384～前323年）曾记述过有关事实，巴阿尼亚斯（古希腊旅行家，生活在公元2世纪）的《希腊导游记》对此做了详尽记录。据说在埃利凯，有伊奥尼亚人建立的海神波塞冬大神殿。

海神波塞冬的信仰在这里是绝对至高无上的。由于亚细亚人的入侵，这座重要

位于佛罗伦萨的海神波塞冬雕像

城市遭到践踏蹂躏，神庙也荒废了。波塞冬一怒之下，马上将地震的灾难降临于这个城市。眨眼之间，埃利凯就被大海吞没了。大陆的深处都成为一片汪洋，连树尖也没于海水之中。这场大灾难之后，过往的船只可以看到水下的森林和成排的街道，只有婆塞冬的大青铜像依然威风凛凛地挺立着。

可是埃利凯究竟在哪里，历来是历史上的一大疑案。希腊的考古学家为打捞与之相关的遗物，一直在以科林特湾为中心的地区进行海底调查及资料收集工作。根据声呐的探测结果终于得知，由于1870年的地震使这一带地壳又下沉了10米以上，而周围的河流向科林特湾注入的大量泥沙将埃利凯完全覆盖了。这使人感到解开埃利凯之谜似乎更加遥远了。

1973年，马萨诸塞工业大学的埃金顿和希腊文物局的马里那托斯进行了声呐探测及探沟式发掘，发现了类似婆塞冬神殿的遗迹。然而由于遗迹在水深50米的海底并覆盖有两米厚的泥沙层，只有在进行了长期的调查工作之后才能再对神殿遗址进行发掘。

2. 推罗遗迹：东方文化交流地

推罗位于黎巴嫩的地中海沿岸，它与西顿同为腓尼基在地中海交易的中心。虽然它现在不过是一个寂寞的小渔港，但熟悉《圣经》和古代文献的神父们却深信，这里的海底沉没着曾是地中海最繁荣的城市和巨大的港口。神父们这种确信无疑的态度为在这里进行科学调查开辟了道路。推罗原是一个岛屿，这里繁荣的城市中心在古代就已消失了。据说，城市建于公元前1195年，当时在海面的两个岛上有造船厂，公元前950年前后修筑了连接两岛的海堤和砦堡，使推罗作为当时的要塞港口而闻名遐迩。

据记载，在公元前333年前后，推罗人向马其顿亚历山大大帝的东征军投降，在此以前是其发展的鼎盛期，其后逐渐衰落。在罗马的统治下又再度繁荣，但其港口的具体位置及大规模建筑方法等情况均一无所知。法国著名考古学家、耶稣会教士普瓦德巴尔神父组织了大规模的调查团，对这一遗迹进行了考古工作。

自 1935 年之后的两年时间里，普瓦德巴尔利用航空侦察和水中勘查的两栖方法对遗迹进行了主体调查。这时将水中摄影的方法应用于考古学调查还是第一次尝试。以固定在水面的玻璃做光源，用装在水下密封箱内的相机进行摄影，用这种方法可以对建筑物的墙壁进行三维空间的研究。其结果，是确认了海底 3～5 米深的推罗港口遗址，防波堤宽 8 米，深入海中 200 米，接着是第二道长 250 米的防波堤，在这里可以分辨出船舶的出入口痕迹。此外还了解到，这里还有配套的货场、造船厂、码头等遗迹。于是，这座公元前 2 世纪左右的罗马殖民城市才开始为人所知。普瓦德巴尔神父认为，这座港湾城市是因贸易而达到极度繁荣的，它对东方文化在地中海沿岸的传播发挥了重要作用。

3. 最古老的古希腊海底城

在利比亚班加西北 200 公里的东部海岸，有古希腊建设的阿波罗尼亚港。这一古代港湾城市现在已大部分沉没于大海之中。阿波罗尼亚港是古希腊最大的殖民地之一，公元前 631 年建成，公元前 90 年左右，成为罗马统治下的北非粮食的重要输出港，在罗马时期发挥过重要的作用。

以弗莱明克为首的剑桥大学的考古调查团，为探明这座古代港湾城市规模、设施等，于 1958、1959 年对这一被海水淹没的遗址进行了调查。由于水下呼吸器在英国的日益普及，使大学生潜水员能够比较自由地从事调查。他们利用平板测量的原理，在塑胶绘图板上给出了由于地壳下沉或海水上涨而半埋于海底的这一港湾的第一张实测图。由实测图了解到，在水深 4 米左右的海底，有船体、码头、仓库、障台、围墙等极为复杂的港湾设施，港口由几个岛屿和山丘形成一个椭圆形的海湾，海湾与地中海由一条狭窄的水路相连接。

港口分为内、外两港，内港修建了城堡，其上设置瞭望台，周围以围墙护卫，特意修建的狭窄的水路设施，具有抵御敌船入侵加强防卫的意义。阿波罗尼亚发现的遗物之一是石锚。锚上部有直径约为 10 厘米的楔形孔，下部有与上孔相接的两个孔，这是船锚最原始的形式。在荷马史诗《奥德赛》中记载说，迈锡尼时代泊船使用的是沉重的石头。

1967 年，发现了希腊的海底城市埃拉弗尼索斯（毛莱半岛南端）。第二年，弗莱明克进行了调查。参加工作的还有凯恩布里基大学的调查组，他们使用吊在气球上能够从遗迹现场附近的空中进行远距离摄影的照相机，制作了遗迹的平面测量图。

从海底发现了迈锡尼时代的街道、房屋群、石棺以及古希腊青铜时代的钵等遗物。由此分析，这一城市在古希腊青铜时代初期即已建成，是目前所见最古老的海底城市，在通往克里特岛的贸易之路上占有重要的位置，是输出沃泰加湾周围富饶沃野所出产农作物的重要商业港。埃拉弗尼索斯这一地名，曾在古希腊地理学家巴乌撒尼亚斯编撰的《地志》中出现，现在此地名为拜特利。

关于水下古代城市最新的例子是 1980 年在苏联的里海东北部的曼库伊西拉克发现了传说中被海水淹没的繁荣的古代城市遗迹。苏联的考古学家们在这一海底（里海北端的古里耶夫市东南 150 公里）发掘，发现了中亚地区传统的黏土制成的陶器及玻璃装饰品、铸造物等。这座城市似乎即为 14 世纪时与中亚地区进行贸易活动的商人在地图上标出的"拉埃迪"。这一发现提供了目前正在后退的里海海岸线在遥远的古代急速变化的珍贵资料。

《荷马史诗》中的特洛伊城

一部伟大的文学著作，人们在不断的研究中发现了文字背后的秘密。

在《伊利亚特》等古希腊诗篇中，有这么一个传说故事：古希腊英雄珀琉斯和"美发女神"忒提斯在珀利翁山举行婚礼，大宴宾客，唯独遗漏了专司争吵的女神厄里斯。于是这位女神悄悄地来到婚宴上，丢下了一个上面刻有"赏给最美者"字样的金苹果以挑起纠纷。果然，天后赫拉、智慧女神雅典娜、爱与美之神阿芙罗狄蒂都想争得这个金苹果。无奈，众神之父宙斯特请特洛伊国王普里阿摩斯的儿子帕里斯作出裁决。结果帕里斯把金苹果判给了阿芙罗狄蒂。而阿芙罗狄蒂为表示谢意，暗中帮助帕里斯把斯巴达国王墨涅

▌著名的特洛伊木马

拉俄斯美丽的妻子海伦拐到了特洛伊。墨涅拉俄斯忍无可忍，调集十万大军，由其兄长阿伽门农担任统帅，渡海讨伐特洛伊，由此引发了历时十载的特洛伊战争。最后希腊人在伊大卡国王奥德赛的帮助下，巧用木马计攻破了特洛伊城。随即进行疯狂地掠夺和血腥地屠杀，临走之时又将这座繁华城市付之一炬。

岁月悠悠，沧海桑田。随着时间的推移，世人对这些史迹传说渐渐忘却。直到近代，西方学者才开始注目于古希腊史的研究，但多数学者都认为荷马史诗中描述的一切仅是神话故事而已，不足为信。唯独德国考古学家施里曼并不这么认为。他自幼就对希腊神话，尤其是关于特洛伊战争的传说故事有着浓厚的兴趣，发誓有朝一日要使沉睡地下数千年的普里阿摩斯王宫重见天日。为使梦想成真，1870 年施里

古希腊英雄珀琉斯和忒提丝

曼千里迢迢来到近东沿海特洛伊平原，寻访他为之魂牵梦绕数十载的古城堡遗址。经过实地勘察，最后选定一个名叫希沙立克的小丘作为挖掘地点。功夫不负有心人，经过三年的努力，施里曼在这里挖掘出了层层叠叠的古城遗址。其中倒数第二个城，有着厚实的城墙和高耸的城门，城内有一处昔日甚为可观的宅院，城墙上也有大火焚烧的痕迹。所有这一切使施里曼断定这就是他孜孜以求的特洛伊城，那个宅院也就是普里阿摩斯王宫，《伊利亚特》史诗中所提到的普里阿摩斯宝库即将呈现在世人面前。但事与愿违，他几乎挖空了古城的一半，却从没有发现一块金子。施里曼已身心疲惫，准备停止希沙立克丘的挖掘工作。

1873 年 3 月中旬，施里曼在山南的一个地方又开始了一次大规模的发掘。不过，这座城的规模使施里曼有些失望，它太小了，似乎不足以演出像伊利亚特那样伟大的场面。但是，施里曼随即自圆其说：作为诗人，荷马对每一件事都做了夸张。使施里曼感到美中不足的是，他在三年的挖掘中没有找到一块金子。

1873 年 6 月 15 日前的某一天，一个炎热的上午。施里曼在妻子的陪同下，站在 28 英尺深、靠近那幢古代建筑物的围墙附近。突然，他看到在焚烧过的褐红色废物层下面，埋着一件很大的青铜器，它上面是一堵墙。走近一看，施里曼锐利的眼睛发现在青铜器后面，还有闪闪发光的东西，似乎是金子。施里曼把民工们遣散后，蹲在被强烈的阳光照射的墙下，手握刀子在发现青铜器的洞周围抠挖着。终于，土

特洛伊古城

里展现出了象牙的光泽和金子的闪光，施里曼把手伸进去一件一件地把金银财宝取了出来。在这批器物中，最珍贵的是两顶华丽的金冕，远比其余的东西更加光彩夺目。大的那顶由 16353 块金片金箔组成，还有一串精致的项链，可以围绕在佩戴者头上，并且悬吊着 74 根短的、16 根长的链子，每根以心形的金片组成，短链子上的流苏垂在佩戴者的额前，长链子下垂于佩戴者的双肩，佩戴者的脸庞完全镶嵌在黄金之中。另一顶类似前一顶，但链子吊在金叶带上，侧边的链子较短，只遮盖双鬓。

描述特洛伊战争的油画

两顶金冕的制作技艺精美绝伦。还有六只金镯、一只重 601 克的高脚金杯、一只高脚琥珀金杯、一件大的银制器皿，内装有 60 只金耳环、8700 只小金杯。还有穿孔的棱镜、金扣子、穿孔小金条和其他小件饰物，以及银、铜的花瓶与青铜武器。

施里曼至死也没有怀疑过这些珍宝不是特洛伊王普里阿摩斯的财产。既然这是特洛伊城，这是斯卡安城门，这是普里阿摩斯的宫殿，那么，它们当然是荷马笔下的特洛伊城的宝藏。没有任何东西能够使施里曼动摇。他确信，他手里的这些器物就是使海伦倍增妖媚的首饰，属于那个使特洛伊城毁于一旦的女人。

施里曼的这一论断在他离世三年后就被人们所推翻。考古学家德尔费尔德根据新的发掘材料，认为倒数第六座城才是荷马史诗所说的

欧洲宝藏

特洛伊遗址，而施里曼至死不疑的特洛伊城在特洛伊战争前一千年就已经存在了。

20世纪30年代，英国考古学家布列经研究后进一步指出，真正的特洛伊战争遗址也不在第六文化层，而在第七文化层，因为导致第六文化层城堡毁灭的原因是地震而不是战争。这样，人们不仅要问：既然施里曼所谓的普里阿摩斯宝藏并非真正的普里阿摩斯国王的财产，那么它们的主人到底是谁呢？而真正的普里阿摩斯宝藏又在何处呢？

木马

比萨古船之谜

考古学家在比萨发掘到了古罗马帝国时期的 17 艘古船。这是迄今发现的最大一批古船遗迹。船上的珍贵货物都完整地保存了下来，其中包括要运往竞技场的狮子遗留下来的牙齿。究竟是何等惨烈的灾难把这些船只深埋地下，以致形成了这个宝藏呢？

1998 年 2 月，比萨斜塔以南正在进行铁路延伸工程。因为这一带经常出土文物，所有新的建筑工地上都必须有一位考古学家进行现场监督。考古学家伊林娜。罗西负责此次现场监督。在施工中，一块木头引起了她的注意。在正常情况下，木头在泥土中会腐烂得很快，而这块木头竟然在很深的地下保留了下来。

这个偶然的发现使建筑工程停了下来。伊林娜挖掘了两天，竟然挖出一艘近 2000 年前的古罗马船只。与此同时，就在几米开外，伊林娜与她的同事发现了另一艘古船遗迹。它的货物还原封未动。令人惊讶的是，这两艘船仅仅才是故事的开始。

几天后，伊林娜又看到了第三艘船、第四艘船。三号古船的缆绳与索具仍奇迹般地保留在原处。这种发现一天天多了起来，后来，几乎每天都能挖出一艘古船。到最后总数竟达 17 艘。

出土地点到大海的最近距离是 11 千米，人们马上就提出了古船为什么会出现在这里的疑问。为什么有这么多的船只在相同地点沉没？

欧洲宝藏

209

是否有大灾难袭击这些船只?

经过几个星期的挖掘，考古学家把注意力集中在一艘船上。这艘船的年代约为公元前一世纪，大约是恺撒时期。船身的长度有 9 米，有公共汽车般大小，侧舷有 12 个水手的座位，船上还有一面纵帆。考古学家从来没有见过这样的文物：古船的船头上有用来攻击其他船只的撞角，靠 12 个水手划桨和一面风帆提供动力。

在 17 艘各类船只中，有一艘是货船。货船上有一个水手的遗骸。除了水手的物品外，这艘船至少还携带了 300 只双耳陶瓶，这些货品距今已有两千年的历史，人们可以借此了解古罗马帝国的进口贸易。

考古学家使用 X 光对船上货物进行了分析。结果表明，陶罐中装有酒类、樱桃干和葡萄。但最令人惊奇的是一个装有沙粒的罐子，里面的沙粒都是经过人工挑选的。这些沙子来自 800 千米以外的坎帕尼亚，是建筑竞技场所需的优质沙粒。

考古学家发现，在一艘货船里面有用动物骨头制成的"挪亚方舟"。最奇特的发现莫过于一颗狮子的牙齿。这只狮子大概来自非洲，要被送往竞技场去参加斗狮子比赛，那里应该是罗马帝国的大港口。

究竟是什么力量使船只沉没，什么力量堵塞了沟渠、掩埋了港口?考古学家测定出船只的年代后，第一条线索出现了。这些船只并非出现于同一时代，它们前后跨越了 800 年的时间。这些古船必然是被一连串的灾难所摧毁。比萨那 800 年的历史就是不断被淹没的历史。水灾使最重要的一批古船遗迹保存下来，这个非凡的考古遗址将给世人带来无尽的想象。

非洲、大洋洲宝藏

古老的非洲不仅有金字塔，还有无尽的珍宝，总之在这片土地未被外来者侵略时，它是一片祥和的土地，随着所谓的文明人的进入，这片土地就开始哭泣了。然后上帝就给出很多谜题，人们就去用生命去猜。而作为一个移民者乐园的大洋洲，虽然没有太多古老的文明，但它所蕴藏的宝藏依然为世人所痴迷。

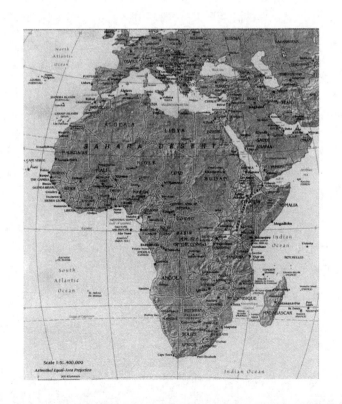

罗本古拉珍宝

> 罗本古拉请进了欧洲人，同时也请进了一群强盗。最后他离开了故土，带着他的财宝，结局是财宝进了坟墓。

15世纪，随着新航路的开辟，大批欧洲殖民者蜂拥来到非洲抢夺财富。19世纪，一批欧洲人来到马塔贝莱，请求国王罗本古拉同意他们开采该国的矿山，国王同意了。从此以后，这位生长在非洲大陆上的国王同英国的维多利亚女王建立了联系。罗本古拉根据自己的生活来想象遥远的欧洲白人生活，以为英国女王也有他那样的无上权威。维多利亚女王在回信中十分沉重地说，当她知悉他有300个妻子时，极度悲伤，并且说是否可以把这个数目削减一下。为了取悦白人女王，罗本古拉把妻子的人数减半。于是他把余下的150名妻子全杀死了。因为在那里，国王的妻子是不能与平民同居的。

尽管罗本古拉友好地对待欧洲人，可是这批白肤色的外来者都不是来做客的，他们贪得无厌，四处掠夺，引起土著人的不满乃至反抗，结果双方爆发了战争。罗本古拉只得携带妻妃、巫师及一些部落成员乘坐马车，另觅新土。然而欧洲殖民者仍紧追不舍。罗本古拉四处逃避，并派出一名使臣带着一袋金币去求和。不幸的是，这位使臣被杀死，金币也被抢走了。

1894年，罗本古拉死于热病。按照马塔贝莱人的风俗，这位国王

英国维多利亚女王全家

与他平生所积聚的财宝一起埋葬。国王的墓地是由巫师选定的，在赞比亚河的一条支流附近。巫师派遣一部分军队去挖墓穴，埋入国王的尸体以及象牙、黄金、钻石，这些财富当时值 300 万英镑。而后，巫师又派另一批军队去杀死那些挖墓埋尸的士兵，把这些尸体葬在墓地周围以护卫国王的灵魂。另外还放置咒语，永保墓地的平安。随后第二批士兵也被召回到一个指定地点，在那里，这批士兵被部落其他成员杀死。这样，只有巫师才知道埋藏国王和财宝的地方。

但是，这时的非洲再也不是那个曾经闭塞平静的非洲了。欧洲的殖民者死死盯住这些财宝不放。那个巫师的余生就因此没有安宁过，国王死后四年，他也告别了动乱的人世。他的儿子在其父死后方知大事不妙，向南逃跑，结果半途被人抓获监禁，只得装疯。后经传教士

非洲、大洋洲宝藏

213

干预才被释放，住在一个教会机关内，常常借酒压惊。

经过无数次战火的非洲，后来又被卷入了欧洲人发动的第一次世界大战中。斯穆茨将军手下有个名叫雷坡德的少校在审查德军档案时，发现一个文件夹，里面装有一张地图，还有测算数字、运输费清单、一些用密码写的文件。他知道这些都是关于某一地区的材料，但因为不懂密码，他只好将之置于一边。不久，雷坡德在审讯两个非洲籍战俘时才知道，这两个战俘曾经陪同过"从远方而来的"德国人。这些德国人来干什么呢？战俘说是为了寻找一个与国王有关的地方，此外他们一无所知。

后来，雷坡德从当地土著人中知道了罗本古拉以及他的珍宝，他更加热衷于探宝了。他最后终于破译了密码，原来这些材料都是有关发掘罗本古拉财富的文件，上面列述了关于财富的所有情况，甚至巫师及其儿子的情况也包括在内。凑巧的是，巫师儿子隐居的地方正是雷坡德的家乡。1920年，雷坡德找到了巫师的儿子。但他因年老、酗酒之故，记忆力衰退，已记不清坟墓的确切位置。不过，墓地四周的

迷离的赞比亚河

标志，他还能较清楚地回忆起来。

雷坡德通过推论猜测，把罗本古拉墓地大致确定在 30 英里的范围内。1920 年年底，他征召当地人作为运输工及挖掘工去探宝。起先他没把探宝目的告诉这些人。后来经过两星期的奔波寻觅，工人要求知道他们究竟在寻找什么东西。雷坡德只得以实相告，结果一夜之间，那些土人跑个精光，所有设备也只得废弃。

但财富的魅力竟是如此诱人。两年后，雷坡德驾驶着福特车，率领着从遥远的地方雇来的工人，又一次前来探宝。这一次雷坡德更加清楚宝藏可能埋在哪里了。但是，根据他的计算，这一地点正好在葡萄牙人的势力范围内，他又无法从葡萄牙人那里获得许可证。幸好这一地区荒无人烟，因此，他终于找了个机会越过了边界。

雷坡德一行到达目的地大约是中午时分，树林中听不见鸟语兽鸣，也见不到任何生物活动的迹象，呈现出一片令人窒息的寂静。工人们十分恐慌，雷坡德则因找到了巫师儿子所说的标志而极为兴奋。

在这支探险队中，有个叫贝朱顿豪的白种人，他是为大家打猎提供肉食的人，根本不清楚此行的目的。但根据他的直觉，他感到这是块被诅咒过的地方。当晚，他告诉雷坡德说："这里发生过非常奇特的事情，这是块不祥之地！"雷坡德后来回忆说，那天夜里他梦见了成群的苍蝇，根据土著神话，此乃死亡之兆。

次日，工人们开始挖掘，结果掘出两具断腿的尸体。这是护卫国王灵魂的士兵。工人们不愿再挖下去了，他们要求回家，那天晚上，贝朱顿豪这个老练的猎人在营地远处被一头狮子咬死。雷坡德害怕了，天一破晓他们就整装返回了。

但雷坡德仍未死心。三年后又组织人马到达这一地区。这次他起用以邪攻邪之法，带着护身符及其他各类符咒，还在那里举行了一些驱邪仪式，以求平安。但有一夜，他又梦见成群的苍蝇，果然，第二天一个发掘坑莫名其妙地倒坍，压死了十个人。雷坡德本人也害了热病，只好无功而返。

非洲、大洋洲宝藏

215

1931年，雷坡德又准备组织探险。但这时罗本古拉的财富也尽人皆知了，谁都想获得一份。葡萄牙人说如果找到珍宝，他们应得一半，因为墓地在他们势力范围内。一个采矿公司则宣称，这些财宝是从该公司偷去的，所以该公司应获75％的财富。一个基督教团体则声称这些财富是马塔贝莱人的，理应归马塔贝莱人所有，同时这一团体还认为自己是马塔贝莱人的受托管理者，因此75％的财产应归该团体。

这样，雷坡德就陷入了由于探宝而引起的官司中，疲于应付。这个几经风险的人这时认为，这场官司就是墓地诅咒的一个先兆，前景不祥。他觉得惟一应做的是填平他挖开的坑，使墓地恢复原样，他还把所有文件都毁了，以让墓地自此安宁。

十分有意思的是，后来有两个人在柏林找到了这些文件的复本，他们也顺着这条路线走了一趟。然后这两人组织了一支探险队，乘飞机飞往非洲南部。但是，这支倒霉的探险队连非洲大陆的土地还没踏上，他们的飞机就一头坠入了茫茫大海。

据说，最后世上只有一个人知道墓地的确切位置，但无论如何他也不愿告知他的儿子，因为他担心那可怖的诅咒终又带来厄运。

"克洛斯维诺尔" 珍宝还剩多少?

> 人为梦想而活。不管那些宝藏是否还在海底,有些人总得干点什么。

一百多年以来,渴望得到"克洛斯维诺尔"号沉船上巨额财宝的人,始终没有停止过他们的海上探宝活动。因为这个传奇式的海难事故中所提到的财宝之多,实在太吸引人了,请看下列清单:

金刚石、红宝石、蓝宝石和翡翠 19 箱,价值 5.17 万英镑;金锭,价值 42 万英镑;金币,71.7 万英镑;白银 1450 锭。

故事要追溯到 1782 年 6 月 15 日。那天,有一艘三桅大帆船"克洛斯维诺尔"号离开锡兰(现在的斯里兰卡)港,鼓着满帆在烟波浩渺的印度洋上航行。船上有 150 名乘客,还有上面所列贵重物品。8 月 4 日,当航行到非洲东南角沿海时,一阵强劲的风暴把船吹向海岸。帆船在风、浪和潮水的共同作用下,迅猛地向着悬崖峭壁冲击。尽管船长采取了应急措施,终于无济于事,木船被撞得粉碎。134 人仓皇跳入大海,挣扎着上了岸,但帆船立即又被回流带回大海。不久,这艘千疮百孔的帆船,便带着巨额的财宝和几个未能上岸的水手,葬身海底,遇难地点距好望角约 507 海里。

一部分登岸的水手情况也不妙。岸边是荒无人烟的热带森林,生存是很困难的。他们为了战胜死神,分成三个小分队在山林中挣扎,用野菜充饥，希望能向好望角靠近，以求生计。但是，不幸得很，一些人死于野兽之口，另一些人又死于野菜中毒，到达好望角时，只剩下六个幸存者了。事后，他们把海难经过和丛林历险写成书，流传于世，引起轰动。但是，最使人们感兴趣的，却是那船上的巨额财宝，它吸引着一批又一批的探宝者前往寻觅。

1787年，人们首次对沉船进行搜索和打捞，但因找不到沉船的确切位置，不得不以失败告终。

1842年，一位船长与十位潜水员合作，在沉船海域寻找了十个月，终于发现了沉船残骸，并踏上了沉船甲板，但未能掀起沉重的货舱盖。他们向英国皇家海军求助，也由于当时潜水技术的落后而无能为力。过了不久，沉船渐渐被泥沙掩埋了。

到了1905年，一些水下探宝者组成"克洛斯维诺尔号打捞公司"，雇用了一批打捞人员前去勘查，用钻机取样法找到了沉船，在钻取的

位于非洲的好望角海峡

泥芯中有 250 枚古钱币，并从船上层甲板上取下了 13 门大炮，总算是有了不小的收获。但埋藏在深处的财宝，由于人不能长期潜入水下作业，因而无法寻得。

1921 年，又有人组织"打捞公司"。由于发起人曾是一位陆上黄金采矿者，熟悉矿井隧道开凿方法，准备从岸边开凿隧道通往海底，再在船底打洞捞金。足足花了三个月时间，经过艰苦的凿岩作业，才在 40 米深处开凿了一条 210 米长的隧道，终点正好在沉船底下 9 米深处。当向上开凿时，还未接触船体，比较松软的海底沉积层塌陷了，海水涌进了隧道。曾有一名勇敢的潜水员进洞，摸到了木质船底，但潜水员因无法在水下久留而无法捞金。巨额开支没有得到补偿，结果"打捞公司"被迫破产。随着时间的流逝，隧道也塌崩堵塞，渐渐消失了痕迹，最后沉船位置也无人知晓了。

几十年过去了，一些人寻找海底沉宝的梦并没有破灭。随着打捞能力的提高，促使一些人还想重整旗鼓，似乎有不拿到沉宝誓不罢休的决心。然而，"克洛斯维诺尔"号现在究竟在哪里呢？它上面究竟有没有如此巨量的财宝？这些财宝是否已有人偷偷地捞走了呢？这对渴望寻宝的人们来说，仍然充满着谜。

亚历山大陵墓在哪里

> 一笔久远的财富，一位传奇的统帅，还有那未找到的陵墓，谁不想知道一位伟大英雄的归宿呢？

亚历山大大帝（前 356 年～前 323 年）是古代马其顿国王腓力二世的儿子。他于公元前 336 年即位后，大举侵略东方。在短短的十余年里，东征西伐建立起东起印度河、西至尼罗河与巴尔干半岛版图广阔的马其顿帝国。

亚历山大曾是一位赫赫有名的英雄，但同时又是一位神秘人物。有关他的传说不可胜数。遗憾的是，他生前的一些历史记载没有流传下来，而后来的一些传抄本及书籍又众说纷纭，矛盾重重，而且带有极浓重的传奇色彩。因此，就是在他死后两千三百多年的今天，这位古代伟大统帅的业绩仍令人们十分关注。人们迫切希望发现这位不可一世的帝王的陵墓，以求从出土文物中获得一些有价值的历史证据。

1964 年的一天，埃及亚历山大市的报纸发表了一则耸人听闻的消息："马其顿国王亚历山大的陵墓找到了！波兰考古学家们的巨大成就！"消息很快传遍了全世界。美国《纽约时报》立刻给波兰考古队发了一个电报，希望就这一伟大的发现写篇文章并给予优厚的稿酬。各国记者也争先恐后地飞抵埃及。同时，大批旅游者的涌进使得埃及警方处于戒备状态。可惜，消息是假的。原来发现的并不是亚历山大的陵墓，而是古罗马时期的一座剧院的遗址。那么这位著名历史人物的陵墓究竟在哪里呢？他又是怎么死的呢？

亚历山大的死因历来有两种传说。一是说他远征印度时在距离巴比伦不远的地方，迎面碰上的一些精通天文和占卜的祭司，劝告他不要去巴比伦，否则凶多吉少。虽然他没有停止前进，但此后却变得心情阴郁。

一次，他驾驶着战舰在湖泊上游逛，突然刮来一阵风，把他的帽子吹走，掉在芦苇丛中，正好落在古亚述国王的墓上。所有的随从以及亚历山大本人都认为这是很不吉利的事。

派去追赶帽子的水手，在泅水回来时，竟大胆地把它戴在自己头上，这就更加强了不祥之感。亚历山大恼怒了，当即把这个水手杀了。不久，亚历山大身患重病。十三天后，终于在公元前 323 年 6 月的一个傍晚逝世。他当了十二年零八个月的国王，死时才三十二岁。

这些琐事，看来只不过是一种巧合罢了。其实，大帝的死很可能是由于行军路上的艰辛，加之经过多次作战，弄得遍体伤痕，在沼泽地里又感染上了疟疾等原因造成的。

另有一个传说：亚历山大之死是因为在宴会上有人往他的酒杯里下了毒药。如果这个传说是真的，那么亚历山大就不是自然死亡，而是死于阴谋。

亚历山大死后，他的部下托勒密将军（后来成为埃及王）用灵车把他的遗体运往埃及，安葬在亚历山大城，并为他建造了一座富丽堂皇

亚历山大大帝

的陵墓。

凯撒大帝、奥古斯丁皇帝、卡拉卡尔皇帝等历史上的著名人物都曾到此陵墓朝拜过，还在亚历山大的塑像头上加上一顶金冠。可是到了公元3世纪，有关陵墓之事，不知为什么无声无息

亚历山大地下陵墓

了。公元642年，阿拉伯大军攻占了亚历山大城，这里的辉煌历史陈迹使他们感叹不已。到了1798年，法兰西拿破仑的军队进入亚历山大城时，这里已呈衰落景象，城中只有六千居民了，跟随拿破仑的一些学者还看见不少古建筑的废墟。19世纪初，这里开始修建海港，古老的建筑遗址成了采石场，有许多遗迹被深埋入地下。亚历山大城很快成为地中海上一个重要的贸易中心，可历史陈迹却荡然无存了。

按古希腊的习俗，创建城市的国王，在他死后一般都要埋葬在城市中心。因而有的考古学家分析认为，陵墓很可能在位于城市东部的皇宫区。也有人认为，陵墓应在两条街道的交叉点上。

近年来，波兰考古学家玛丽亚·贝尔纳德对当地出土的古陵灯进行了一番研究后发现，古人在制作陶灯时，在上边绘制了古代亚历山大城的模型，因此她对陵墓的位置做了一个有趣的推测。她认为在模型中的许多建筑物之中，有一个圆锥形的建筑物可能就是亚历山大的陵墓。因为，奥古斯丁皇帝的陵墓是尖顶圆锥形建筑，这种墓形很可能就是在仿造亚历山大陵墓。

英国人维斯曾对托勒密王朝的墓地进行过分析研究，认为这些墓应当同亚历山大陵墓相像。他想象亚历山大的棺木是安放在一座宏伟的庙宇里，周围是一些圆柱，墓里一定有许多稀奇精美之物。墓内还

可能保存着从埃及各处庙宇送来的经书。20 世纪 70 年代，一个惊人的发现大体上证实了这些猜想。专门研究古代马其顿历史的考古学家安得罗尼克斯发现了亚历山大的父亲——腓力二世的陵墓。

大殿中央停放着高大的大理石石椁，上面设有镶着宝石的、沉重的金质瓶状墓饰。国王的遗骨就在其中，周围是一些珠宝金器、王权标志、战盔等物闪耀着璀璨的光芒。其中有五个用象牙雕刻的雕像，制作得相当精美，特别引人注目。这五个雕像是国王的一家：腓力二世本人、他的妻子、儿子亚历山大和腓力二世的父母。这个发现在考古界引起了轰动，被认为是 20 世纪考古中最伟大的发现。

惊喜之余，人们不禁要问：腓力二世国王的陵墓尚能找到，难道他儿子的陵墓就不能寻觅到？但事实毕竟是事实，亚历山大陵墓的确神秘莫测，一直没有任何线索。谁能解开这个陵墓之谜？人们耐心地期待着。如果一旦解开，很可能会发掘出当时许多民族的文化艺术珍品以及大量的历史资料，这对考古学界将是一个非常巨大的贡献。

埃及亚历山大灯塔

非洲、大洋洲宝藏

223

"玛迪亚"号沉船始末

> 在深不可测的海底中埋藏着太多的宝藏，20世纪初，在北非的玛迪亚海底，竟然发现了公元前2世纪的沉船。

1907年，一位希腊的海绵打捞工人，在北非突尼斯东部的玛迪亚海的水深40米的海底，看到了像军舰大炮样子的文物。从那以后，潜水工人们又在附近海底发现了很多双耳陶瓶和青铜制品的碎片。打捞上来的文物向当时法属突尼斯的海军司令官杰·拜姆海军大将做了报告并将文物移交给官方，拜姆动员了潜水员进行调查。其结果证明被看成海底大炮的文物并不是大炮，而是希腊浮雕的大理石伊奥尼亚式圆柱。

这一发现在欧洲的学术界引起了极大的轰动，为20世纪初考古学调查的发展提供了一个很大的实习机会，并为其开始方法的摸索和实习创造了一个良好开端。在法国海军的帮助下，突尼斯当局集中了希腊、意大利的一流潜水员，从1908年到1913年共进行五次调查。

对于距陆地6公里，海流非常急，而且水深40米的海底调查作业来说，技术上受到各种限制，而且沉船完全被埋在海底淤泥中，使发掘作业极为困难。

在沉船中，有最早报告说得像大炮的大理石圆柱，共6排约60根，还凌乱地散布着柱头、柱础以及其他大理石的建筑材料和雕像等。

虽然打捞上来了双耳陶瓶等部分文物，但大部分遗物仍然留在了海底，调查没有最后完成。

当时的潜水技术和调查方法不能绘制出能将船体复原的实测图，也不能将船体打捞上来。尽管如此，潜水工人们仍然打捞出了各种文物，并在海底淤泥的清除过程中，搞清了下面厚约20厘米的木材堆积层和其分布范围，并确认了这是船的甲板，还了解到打捞上来的遗物是甲板上的货物。在甲板下的船舱里装满了大量的细小贵重品，在更下面的船舱中贮藏着很多大理石艺术品，其中主要有希腊雕刻家加尔凯顿（约生活在公元前2世纪）的刻有"波埃特斯"铭文的"海尔梅斯"青铜像和同样大小的"奔跑的萨尔丘斯洛斯"青铜像、大理石"阿弗洛忒"半身像、牧神"波恩"的头像等。此外，还有烛台、家具等日用品和希腊阿提加工精美的酒杯。其中带有铭文的"海尔梅斯"像被认为是希腊时代著名的珍品。

希腊奥林匹亚神殿

非洲·大洋洲宝藏

这艘沉船据推测，是满载罗马从希腊掠夺的艺术品及其他货物的大型运输船，船从雅典的皮莱乌斯港出航，在驶往罗马的途中，向南漂流而沉没。该船长36米多，宽10米多，恐怕是无桨的椭圆形帆船。从当时的造船技术看，似乎是为了运送想象不到的沉重货物而设计的。其年代根据遗物的研究推定，在公元前2世纪末到公元前1世纪初。

随着对遗物的文化性质及船体构造的研究，玛迪亚沉船逐渐在学术界引起较大的反响。据有关专家考证，该船是公元前86年征服掠夺雅典的罗马执政官鲁希阿斯·斯鲁拉有组织地将掠夺品满载运回罗马，而在途中遇到风暴，飘流到玛迪亚海域沉没的货船。

当时，斯鲁拉是罗马共和时代的猛将，深得人民的拥护，具有卓越的指挥才能。他在凯旋罗马时经常带回众多的俘虏和战利品向民众夸耀，以求得狂热的欢迎。他征战生涯中最大的功绩是征讨小亚细亚的蓬兹斯。据说他在当时已获得很多的战利品，但为了掠夺，他又率领罗马军队进一步侵入了古希腊象征的雅典。他在那里下令拆毁奥林匹亚的一座神殿，将大理石建材和雕塑装上运输船队送往罗马。有的史学家说，他打算用这些战利品在罗马复原神殿，以作为他的胜利纪念碑装点城市。据说这一船队绕行到意大利半岛与西西里岛之间的墨西那海峡时，突然遇到风暴，其中一艘向西南方向漂流至北非近海沉没，在以后漫长的岁月里安眠在海底厚厚的淤泥之下。估计至今仍有大批珍宝沉睡在海底等待打捞。

藏着大量珍宝的洛豪德岛

> 一个满载宝藏的船沉没了，又是海盗干的好事，但后来人为他们的贪婪付出了更多的代价。

在澳大利亚，有一个名为洛豪德的小岛，该岛并非鸟语花香、景色宜人的胜地，然而，"岛不在美，有宝则名"。相传岛上藏有无数财宝，周围海底也铺满耀眼炫目的宝石。

在 17 世纪 70 年代，一位名叫威廉·菲波斯的人，在偶然中发现一张有关洛豪德岛的地图，图上标有西班牙商船"黄金"号的沉没地，他惊喜若狂，感觉一个发财的机会到来了。原来，"黄金"号商船有一段神秘的故事，那是在 16 世纪 50～70 年代，西班牙人沿着哥伦布的航迹远征美洲，从印第安人手里掠夺了无

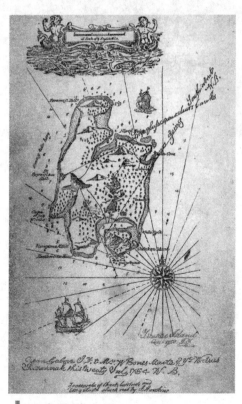

洛豪德藏宝图

洛豪德岛上据说藏着大量的珍宝藏宝

数金银珠宝，然后载满船舱回国。然而，他们的行动被海盗们觉察了。于是，海盗们疯狂袭击每一艘过往的商船，惨杀船员，抢夺了大量财宝。如山沉重的财宝，海盗们无法全部带走，于是将剩余部分埋藏在洛豪德岛，并绘制了藏宝图，海盗们发血誓表示严守秘密，以图永享这笔不义之财。哪知海盗们终归是海盗，哪有信义可言，一些阴谋者企图独吞宝藏，一时间血肉横飞，一场火拼留下了具具尸体，胜利者携带藏宝图混迹天下，过着花天酒地、骄奢淫逸的生活，从而藏金岛的传说也不胫而走，风靡世界。

菲波斯怀揣这张不知真假的藏宝图，登上荒岛，四处勘察，然而他一无所获。正当他徘徊海滩时，无意中脚陷入沙中，触到一块异物，经发掘是一丛精美绝伦的大珊瑚，在珊瑚内竟又藏有一只精致木箱，箱中盛满金币、银币和珍奇宝物。菲波斯狂喜万分，他在岛上待了三个月，疯狂地寻觅，整整三十吨金银珠宝装满了他的帆船，他实现了发财梦。

菲波斯发横财的消息像飓风一样传开去，一股寻金热席卷洛豪德岛以及附近海域，流浪汉、冒险家甚至王公贵族们都不远万里来到这个荒岛，人们认为菲波斯发现的财宝仅是海盗遗产中很少很少的部分，那么更多的宝藏又在哪里呢？一时间许多真真假假的"藏宝图"应运而生，充斥欧洲，高价出售，不少发财狂们重金购买，不惜血本，结果呢？不少人或葬身海底，或暴死荒岛，或苦苦寻觅，久无踪影。海盗的遗产成了一个充满诱惑的谜团。

非洲、大洋洲宝藏

无法破解的图坦卡蒙法老咒语

1922年，当人们试图打开沉睡了几千年的埃及图坦卡蒙法老陵墓时，参与挖掘的人遭遇了一系列的惨案，惨死的多达五十多人，人们把这一系列的惨案称为"图坦卡蒙的咒语"。

金字塔作为国王陵墓的专用形式是在埃及第十三王朝以后消逝的。经过一段时期的征战，埃及进入新王国时期，它包括第十八、十九、二十这三个王朝。从第十八王朝开始，新国王不再喜欢金字塔这种陵墓形式，为了得到死后的安宁，他们希望找到一个隐秘的地方。十八王朝第三位国王托胡特莫斯（前1525～前1495）的建筑师伊尼尼在尼罗河西岸渺无人烟的山区中找到一条峡谷。这就是以后十八、十九、二十王朝历代国王陵墓的所在地——王陵谷。

但国王们都犯了一个错误，那就是价值连城的陪葬品对世

埃及法老胡夫金字塔

人的强烈诱惑。为此许多人可以铤而走险，不惜付出生命的代价。王陵谷中的陵墓虽然已经十分隐秘，但要绝对保密是做不到的。新旧王朝的更迭，给盗墓者提供了机会，守卫的利欲熏心，使盗墓成为一种经常性而有组织的活动。

几乎所有的人都认为图坦卡蒙的陵墓已被发掘过了，又因为在其他的洞穴中发现过刻有图坦卡蒙及其王后名字的物品，但卡纳冯和卡特不这样认为，他们觉

古埃及法老图坦卡蒙像

得法老的陵墓不会那样狭小，而且发现他们的物品也不足以证明他们的陵墓就在那个洞穴。1917 年秋天，卡纳冯和卡特在选定的地点开始了挖掘工作。

五年过去了，他们查看了大面积的土地，运走了不计其数的碎石，资金也即将耗尽，挖掘的许可证也即将到期，但仍一无所获。

1922 年 11 月 1 日，卡特孤注一掷，下令在工人搭有棚屋的地段动土开挖。11 月 5 日下午，在清理了大量的沙石以后，十六级宽大的石阶展现在人们眼前，尽头处是严密封印的基门。卡特的心狂跳不已。

卡纳冯爵士一收到卡特的电报，就决定立即赶往埃及。在他离开伦敦之前，一位著名的预言家赶来劝告说"埃及之行危险"，卡纳冯的心里涌上了一股不祥的预感。他们很快意识到，这间墓室没有棺材。莫非这是一间藏宝室？次日，电线接通，墓室变得灯火通明，他们发现两尊立像中间的石门，原来这间墓室只是前厅。在门的底部也有被重新堵塞的痕迹。接着，他们在一张卧榻后面的墙上发现一道封闭的石门，门上有一个不规则的小洞，显然也是盗墓者留下的，不过没有

重新封上，拉过电灯照进去，里面也是一间墓室，比前厅略小，但器物堆得更满更乱。

  图坦卡蒙陵墓的发现引来了各地的游客和记者，11 月 27 日，卡特开始了打开石门的工作，大约花了三个小时，卡特才卸下石门，卡纳冯和女儿伊夫琳走了进去，后面是卡特的助手卡伦德。令人吃惊的是这里的墙并非尽头，墙上还有一道洞开的矮门，他们走了进去，发现这间墓室比前面几间都小，却陈放着最珍贵的物品——一座精美无比的立碑，一只形状像神龛的包金箱子，美得难以形容。箱盖上刻着九条眼镜蛇，周围是四位女神，张开双臂站着，前额镶嵌着上埃及和下埃及的图徽——眼镜蛇和兀鹰。套在这两样东西上的是一只小小的花环，枯萎的花儿居然保持着原来的颜色。棺内又有内棺，内棺也是人形的幼王像。揭开这层棺盖，里面是一个纯金的棺材，揭开最后一层棺盖，下面才是法老的木乃伊。

图坦卡蒙法老

图坦卡蒙法老墓的外观

　　令人遗憾的是，之后参与陵墓挖掘的人遭遇了一系列惨案，惨死的人有五十多人，人们把这一系列的惨案称为"图坦卡蒙的诅咒"。

　　在古代埃及，只有神的代表法老才能有权力发布咒语，据说这种咒语具有神奇的魔力。"图坦卡蒙的咒语"是象形文字，一则镌刻在墓室外的一块其貌不扬的陶瓷碑上，大致内容为："谁扰乱了这位法老的安宁，死神将展翅在他头上降临。"另一则绘在主墓的一尊神像背面："我是图坦卡蒙陵墓的保卫者，是我用沙漠之火驱赶那些盗墓贼。"令人不安的是图坦卡蒙的咒语似乎从远古的阴影中扩散开来。

　　图坦卡蒙咒语的第一位牺牲者是卡纳冯。他是 1923 年 4 月 15 日凌晨 1 点 50 分，在一次全开罗停电事故中死去的，距图坦卡蒙陵墓发掘不到二十个星期。死因是面颊上的一个肿块。当卡纳冯进入图坦卡蒙陵墓的入口时，突然被什么东西蜇了一下，顿时左边面颊上一阵疼痛难熬，而且没有消肿的迹象。几天后，卡纳冯小心翼翼地刮脸，特别当心避开那肿块，不料手中的刮胡刀却不听使唤，一失手切进了肿块。正是这个微不足道的创伤导致了难以治愈的败血症。卡纳冯发着40℃以上的高烧，住进了开罗的一家医院。他浑身颤抖着，但大多数时间是昏迷不醒，偶尔醒过来，就发出惊叫声，而昏睡的时候则喃喃呓语："唉！图坦卡蒙……""唉！法老国王……""唉！原谅我……"看得出，他忍受着难言的痛苦。4月15日凌晨，值班护士突然听见卡纳冯大声叫喊道："我完了！我完了！我已经听见召唤了……"未等护士赶到他身边，全医院突然停电了，变得漆黑一团。五分钟之后，当电灯重放光明时，人们奔到卡纳冯的床前，只见他极为恐慌地瞪大眼睛，半张着嘴，已经断气了。之后，电力公司对这次全开罗突然停电事件，提不出合理的解释。

停电的五分钟，卡纳冯的病房里发生了什么事？卡纳冯临死前撞见了什么东西？没有留下任何痕迹。只是他被伦敦那个预言说中了，他再也无法回到伦敦的土地，孤身一人命归黄泉。奇怪的是，当后来用X光检查图坦卡蒙的木乃伊时，发现在他的左脸颊上有一个伤痕，无论形状还是大小，甚至部位也完全和卡纳冯被某种东西叮蜇的肿块一模一样。

卡纳冯之死，不过是一连串死亡事件的开始。神秘的死亡一个接一个，从开罗到伦敦，大小报刊竞相报道这一件件神秘的死亡事件。被死亡的翅膀接触过的人数迅速递增。

卡纳冯死后不过六个月，他的同父异母弟弟奥布里·赫巴德上校患精神分裂症，继而自杀身亡。据说，这位上校过去从未发现患有这种病。

不久，在开罗那家医院里护理过卡纳冯的护士也突然不明不白地死去。

被卡特请来帮忙的美国考古学家梅西，莫名其妙地昏迷不醒，死于卡纳冯住过的一个旅馆里。

由卡特陪同参观图坦卡蒙墓的一位名叫戈德的美国人，参观完毕次日便发高烧，傍晚即亡，检查不出死因。另一位叫乌尔的英国实业家参观陵墓后，乘船回国途中，也死于高烧。南非一个富豪参观图坦卡蒙陵墓挖掘现场后，从游艇跌落进风平浪静的尼罗河淹死。

第一个解开图坦卡蒙裹尸布，并给他用 X 光透视的亚齐伯尔特·理德教授，在拍了几张照片之后，突发高烧，身体忽然变得极度虚弱，不得不回到伦敦，不久便一命呜呼。

三年之后，卡特在挖掘图坦

图坦卡蒙法老的棺木

卡蒙陵墓时的得力助手，五十二岁的亚博·麦斯不幸去世。1929 年，卡特的另一个助手理查·范尔茨猝然死亡，年仅四十五岁。

此外，亲手接触过图坦卡蒙金面具的道格拉斯·李德博士，第一个在法老哈里姆哈伯的墓室附近发现刻有图坦卡蒙及其王后姓名陶器的人（正是这一发现为找到图坦卡蒙陵墓提供了主要线索），以及参加过挖掘、调查的学者、专家，在不长的时间内纷纷神秘死亡。

最怪异的是，1929 年的一天清晨，卡纳冯的遗孀伊丽莎白夫人长辞人世。据报道，她也是被虫子叮蜇而死的，叮蜇的部位也在左脸颊，与六年前死去的丈夫一模一样。

卡特幸免于难，活到六十五岁，平静地辞世而去，但死神的阴影却笼罩另一个参与掘墓的人。1972 年的一天，开罗博物馆馆长加麦尔·梅兹菲博士坐在开罗一家旅馆的游泳池旁，与一个名叫菲利甫·

范登堡的德国作家谈起法老的咒语。梅兹菲说："生活中常有些奇怪的现象，至今仍找不到解释。"

范登堡问："那么说来，你是不是相信法老的咒语了？"

梅兹菲沉吟片刻，说道："倘若你把这些神秘的死亡事件统统加在一起，很可能会对这些咒语深信不疑，尤其是在古埃及的典籍中，类似这样的咒语可以说是俯拾皆是。"他苦笑了一下，接着说："我不信这个邪。我一辈子与法老的陵墓和木乃伊打交道，你瞧，我不是活得挺好吗？"谁知，一个星期之内，五十二岁的梅兹菲不明不白地一命呜呼了。

据说，深深收藏在开罗博物馆地下室里的图坦卡蒙的木乃伊和陪葬品在显灵，死神的阴影还在蔓延。一位作家打算撰写一部有关图坦卡蒙咒语的小说，刚开始动笔就突然莫名其妙地死去。有一种说法认为，考古学家和工作人员是在陵墓中感染细菌得病去世的，因为那些是在陵墓中生存了三四千年的细菌，所以让现代医学有些措手不及，这种观点得到了很多科学家的赞同。

神秘的金字塔宝藏，神秘的法老咒语至今仍是一个未解之谜。

塞提一世宝藏尚未探出

> 国王都喜欢财宝，比普通人更喜欢。而且他们更相信有来生，所以他们把财宝藏了起来，或带进了坟墓。

塞提一世是埃及新王国时期第十九王朝第二代法老，他统治了埃及二十七年。塞提一世即位后，为解除利比亚人和东克赫梯人几个世纪以来对埃及东西两面形成的威胁，亲自率军东征西讨，成功地消灭了这两个宿敌。因此，他把自己的统治时期称为"复兴时期"。由于这些原因，四方贡品源源不断地涌进埃及，奉献给塞提一世。塞提一世因此成为埃及历史上最富有的国王。

塞提一世以雄厚的财力大兴土木，广建纪念物，尤其是在人迹罕至的"帝王谷"中，为自己建立了一座外表相当隐蔽，里面却十分豪华的陵墓。塞提一世死后，大批金银财宝连同他一起葬在这个陵墓中。

意大利人乔万尼·贝尔佐尼（1778～1832 年）是近代最早在塞提一世陵墓寻宝的人。他青年时学过物理学和机械制造学，为了讨好当时埃及总督穆罕默德·阿里，他设计并制造了一台水泵给总督表演。总督并不了解这台水泵有多大用途，不过他还是十分欣赏这个小伙子的聪明才智，于是便签发了一张可以随处发掘的许可证给他。

据一个强盗家族的后代阿里·阿布德·埃及·拉苏勒介绍，贝尔佐尼在国王山谷发掘时，曾得到他曾祖父的帮助。他的曾祖父是当时这个家族的族长，传说他能够准确无误地感觉到，哪棵树下或哪块巨石下埋藏着珍宝。

1817 年，贝尔佐尼来到国王山谷寻找塞提一世的陵墓。他在拉美西斯一世陵墓的入口附近清除了一些石头障碍之后，就凭自己的感觉，认为这里有继续挖掘的必要。于是，他命令手下的劳工们在此处挥汗大干。挖至地下 6 米深处时，劳工们

出土的塞提一世法老像

碰上了塞提一世陵墓的入口，之后，劳工们继续深挖，直到发现陵墓。阿里的曾祖父与贝尔佐尼一同下到地下数百米深的陵墓。可是墓室里除了一口空荡荡的镶金雪花石膏石棺之外，便什么也没有了。显然该陵墓在古代曾被盗过。贝尔佐尼仍不死心，他打算凿开墓室的墙壁继续深挖，可阿里的曾祖父再三向他强调，再挖也是劳而无获，不会有其他东西了。无奈，贝尔佐尼只好将这口仅存的空石棺运到了他的第二故乡英国。

其实塞提一世的木乃伊并未被盗，这不过是塞提一世为防盗而修建的一座假墓，现在真正的木乃伊仍完整地存放在开罗博物馆中。它是由阿里的祖父穆罕默德兄弟三人于 1871 年在靠近"帝王谷"的沙克埃尔塔布里亚的一个山崖洞穴中发现的，第二十一王朝法老彼内哲姆为防盗而将许多国王的木乃伊集中重葬在该洞穴中。十年之后，穆罕默德兄弟三人被捕，这些木乃伊遂归开罗博物馆所有。

在阿里家族中至今还保存着他曾祖父留下的文字记载。文字记载最后说，当他本人看到墓室的墙壁及地面全由巨石所封闭，便断定塞

提一世的宝藏并未被盗而就在这里，他骗了贝尔佐尼。阿里补充说，这个秘密一代传一代，他父亲临终前告诉了他。

阿里以前也像他的祖辈一样，曾是一位有名的掘墓大盗，而且，当时他还间接地参与许多大宗倒卖文物的黑市交易。1960年，他将这个隐藏了近半个世纪的秘密告诉了国家古文物部门，并且主动承诺承担经费，倡议古文物部门寻找塞提的财宝。古文物部门接受了他的请求。

1960年深秋，欧洲各大报纸刊载了此事。11月12日《法兰西晚报》报道："在65度的高温下，65名大力士，光着膀子挥汗为寻找塞提一世国王的宝藏在200米深处劳动。并有一位50岁的阿拉伯富翁为此提供所需的全部资金。"这时阿里与古文物部门主要视察员阿布德·埃尔·哈飞兹以及数百名来自尼罗河西岸的民工正在为探寻宝藏工作着。半年以后，雇工们由墓室的墙壁开出一条只有80厘米高、1.5米宽，但长达141米的倾斜向下的隧道。雇工们猫着腰用篮子往外运送岩沙。隧道在一米一米地往里延伸，好不容易挖过200米，古人凿下的台阶也清理出了四十级。此时，雇工们被突然出现的一块巨石所挡，另外有三块深深埋在地下的四方大石块垫在下面。由于狭窄的隧道没有回旋余地，撬开大石块是不可能的；即便大石块能够撬开，也无法搬运出去。如采用爆破手段，恐怕这条隧道也将毁于一旦，

塞提一世法老墓

239

那更是前功尽弃，挖掘工程陷入了绝境。

此时，阿里投入的资金已经用完了，而政府又不肯为此增加一分钱。探宝工程只好不了了之。在这以后，古文物部门的官员们提出了两种猜测：其一，该隧道是不是用于存放塞提一世珍宝的仓库？其二，建筑陵墓的工匠们是否有意用这些巨石封住了这个专门存放财宝的墓室？其实最合理的推论是，要识破事

塞提一世正向"太阳神"阿蒙瑞献上宝物

情的真相，只有继续进行挖掘。但是，古文物部门的官员们却辩解说，他们还有许多事情要做。事实的确如此，60年代初的埃及正是大规模考古挖掘的时代。然而不管怎样，他们错过了如此重大的机会，实为一件憾事。